年収が上がる
週末の過ごし方

世界の一流は「休日」に何をしているのか

越川慎司
Shinji Koshikawa

Let's Use
Our Time Off Like Elites Do

CROSSMEDIA PUBLISHING

はじめに

あなたは、疲れていませんか？

こう質問されて、「まったく疲れていません」と即答できるビジネスパーソンは、どのくらいいるでしょうか。

体調に問題がなくても、「疲れ」を自覚していない人というのは、ほとんどいないかもしれません。

一般社団法人日本リカバリー協会が発表した『日本の疲労状況２０２３』（全国の20～79歳の男女10万人に調査）によると、「元気」と回答した人が21・5％だったのに対して、**78・5％の人が「疲れている」と回答**しています。

その程度や頻度に個人差はあっても、日本人の約8割が「疲れ」を感じている……という実情が明らかになっています。

もう一つ、お聞きします。

あなたは、きちんと休めていますか？

日本企業で「働き方改革」が始まって5年が経っていますから、年中無休で仕事をしているビジネスパーソンは、おそらく皆無ではないでしょうか。土日だけでなく、有給休暇の消化も義務づけられているため、先に紹介した調査でも、睡眠や休養時間は年を追って増加傾向にあるといいます。

きちんと休んでいるのに、仕事の疲れが抜けない……。

なぜ、こんなことが起こるのでしょうか？
忙しい毎日を送っていれば、「多少の疲れは仕方がない」と諦めている人も多いかもしれませんが、こうした状態を放置していると、毎日の生活を楽しめないだけでなく、心身のバランスが崩れて、仕事にも影響が出てしまいます。

私自身も「多少の疲れは仕方ない」と安易に考えていたら、心身のバランスを崩して、二度も仕事を休まざるを得ない状況を経験しています。

疲れを放置してしまうと、「やる気が出ない」、「集中力が続かない」、「前向きにタスクと向き合えない」など、さまざまな支障が生じて、仕事の生産性を著しく低下させてしまうのです。

しっかりと休んでいても、疲れが取れないとか、集中力が続かないというのは、「働き方」の問題だけでなく、**「休み方」にも原因があります。**

どのような休日を過ごせば、心身のリフレッシュを図って、仕事のパフォーマンスを高めることができるのか?

私が本書を執筆した一番の目的は、働き方改革の先にある**「正しい休み方改革」**の実践法をお伝えすることで、心身のバランスを整えて、ワークとライフの両方の充実を図っていただくことにあります。

身体と心を休めることに休日を費やしている

日本人は「休むこと」が下手な国民なのかもしれません。

日頃から、体力を削るように働いているため、週末が近づくと疲れが出て、土日はグッタリとしている……という人も多いのではないでしょうか。

平成26年版厚生労働白書によると、日本人の「休日の過ごし方」のトップ3は男女共に次の項目が占めています。

①何となくスマホを見て過ごす
②動画やテレビを観て過ごす
③何もせずにゴロ寝で過ごす

仕事の疲れが蓄積して、週末は何もやる気が起こらないのかもしれませんが、日本のビジネスパーソンの多くは、**身体と心を休めることに休日を費やしています。**

忙しい仕事から離れて、ボンヤリとできる時間を持つことが、「一番の休日の過ごし方」と考えている人が多いようです。

これに対して、欧米のビジネスパーソンの休日の過ごし方は、**スポーツや趣味を楽しみ、友人や家族との時間を大切にする**……といった傾向が見られます。

北米では、週末にバーベキュー・パーティーを楽しんだり、家族でキャンプに出かけたりするのが一般的です。

ヨーロッパの国々では、サイクリングやハイキングなど、アウトドアのアクティビティが人気を集めています。

欧米のビジネスパーソンが友人や家族とアクティブで充実した休日を過ごしているのに対して、日本のビジネスパーソンは、「**一人時間」を大切にしている**ことが、弊社クロスリバーの調査でわかっています。

日本のビジネスパーソンには、「仕事の人間関係を休日に持ち越したくない」という思いがあり、コロナ禍を経験したことで、一人で過ごす時間に慣れたことも影響しているようです。

日本人が充実した休日を過ごせない背景には、大きく分けて、次のような二つの理由が考えられます。

【理由①】長時間労働の問題

厚生労働省の調査(2022年)によると、日本人の年間総実労働時間は1700時間を超えています。

減少傾向にあるとはいえ、各企業で働き方改革が進んでいる現在でも、依然として長時間労働が続いています。

仕事に追われる日々を送っているため、**休日の予定を立てるような余裕が持てない**のが現状です。

【理由②】休日に対する意識の問題

弊社が2023年11月に実施した調査(1万7852人対象)では、「休むこと＝怠けている」という意識を持っているビジネスパーソンが「61%」を占めており、多くの人が、**休むことに対して「罪悪感」や「後ろめたさ」を感じている**ことが明らかになっています。

現在は日本中の企業で働き方改革が進んでいますが、弊社が全国の708社を対象に実施した調査（2024年2月）によると、上司の顔色を見て、有給休暇の申請を躊躇するといった風潮は、「76%」の企業に色濃く残っています。

本当は休日にゆっくりと身体を休みたいと思っていても、「何となく休みづらい……」というのが、日本のビジネスパーソンの現状です。

どうすれば、充実した休日を手に入れて、疲れを溜め込まずに、仕事の生産性をアップさせることができるのか？

本書では、世界の最前線で活躍する一流のビジネスパーソンの休日の過ごし方をお伝えすることで、**すぐに実践できる「休み方改革」のための具体的なアクション**を紹介します。

世界の一流は休日に「自己効力感」を高めている

本文に入る前に、私の立ち位置やバックグラウンドを簡潔に説明しておきます。

私は国内外の通信会社勤務を経て、２００５年に米国・シアトルのマイクロソフト本社に入社して、創業者であるビル・ゲイツとも一緒に仕事をしてきました。

会議で隣の席に座った彼が、チェリーコークやカシューナッツを食べている様子をじっくりと観察したり、当時、ＣＥＯであったスティーブ・バルマーが朝5時台にジムでランニングしている様子を眺めていました。

その後は日本マイクロソフトの業務執行役員として、PowerPointやExcelなどの事業責任者を務める一方で、ＩＴツールを活用した働き方改革を推進してきました。

現在は、８１５社、約17万３０００人の働き方改革を支援する株式会社クロスリバーの代表を務めています。

「世界中の企業に週休3日制を導入する」という目標を掲げ、週休3日でも売り上げが下がらない→株価も下がらない→給料も下がらない……という企業の在り方を追求して、各企業の働き方の改善をサポートしています。

自ら目標を実現するために、当社では私を含めてメンバー全員が、「週休3日制」、「週30時間労働」、「オフィスなし」、「専業禁止」（複業必須）、「睡眠7時間以上」を実践して、2017年の創業から8年連続の増益を継続中です。

本書で紹介する世界の一流とは、私がこれまでに一緒に仕事をしたり、公私にわたって交友関係を続けてきた「エグゼクティブ」をイメージしています。

エグゼクティブとは、主にグローバル企業の上級役員を指し、一般的には「バイスプレジデント」（VP）と称される人たちです。

バイスプレジデントは、日本語に直訳すると「副社長」となりますが、グローバル企業では「役職」の一つであり、「バイスプレジデント」（VP）→「シニア・バイスプレジデント」(SVP)→「エリア・バイスプレジデント」(AVP)→「エグゼクティブ・バイスプレジデント」(EVP)……という序列があります。

グローバル企業の場合、日本企業のように副社長が2人だけということはなく、マイクロソフトでいえば、「バイスプレジデント」という肩書の人が全世界に300人くらいおり、日本マイクロソフトの社長もVPの一人です。

世界水準のエリートであるエグゼクティブの休日の過ごし方には、大きな共通点があります。

彼らは、休日を「何もしない時間」と考えるのではなく、**「積極的にエネルギーをチャージする時間」(休養)と「知的エネルギーを蓄える時間」(教養)と位置づけている**のです。

具体的には、次のような休日を過ごしています。

①趣味や好きなことをする

没頭できる趣味に時間を充てることで、ストレス解消とクリエイティビティ（創造性）の向上を図っています。

②家族や友人と過ごす

大切な人とのコミュニケーションは、心の疲れを癒す効果があります。

彼らは、仕事では関わることのない属性の人たちと交流を持つことによって、新たな発想を取り入れようとしており、趣味で知り合った友人が重要なビジネスパートナーになることもあります。

③読書をする

週末の休みや、まとまった休日には、ビジネス書や小説を読んでいます。

読書は、情報のインプットだけでなく、リラックス効果もあります。

脳の左前頭前野や右前頭前野が活性化して、ストレスから解放されるのです。

ビル・ゲイツは、1年に2回、仕事から完全に離れて読書やアイデア出し、熟考に没頭する「Ｔｈｉｎｋ Ｗｅｅｋ」と呼ばれる1週間の休暇を取っています。

アマゾンCEOのジェフ・ベゾスは、毎年、数週間の家族旅行を欠かさず、心身と脳のリフレッシュを図っています。

宇宙開発企業のスペースXや電気自動車のテスラを率いるイーロン・マスクは、土曜はアイデア出しに集中し、日曜は瞑想や読書に耽《ふけ》っています。

彼らのような世界水準のビジネスパーソンが休日に求めているのは、**心身のエネルギーをチャージすることによって、「自己効力感」を高める**ことです。

自己効力感とは、米国スタンフォード大学教授の心理学者アルバート・バンデューラ博士が提唱した概念で、目標を達成するための能力を自分が持っていると認識することを指します。

シンプルにいえば、「自分ならできる」とか、「きっとうまくいく」と自分の可能性を肯定的に認知できる心理状態のことであり、**前向きな気持ちを手に入れ、パワフルに働**

くことで、仕事の生産性を高めるためには極めて重要な要因となります。

だらだらと時間が過ぎていくのを待つのではなく、自分で決めた休日の過ごし方を主体的に楽しむことで、自己効力感を高めているのです。

仕事のパフォーマンスが上がる休日の過ごし方

休日の過ごし方と仕事の生産性には、密接な関係があります。

リクルートワークス研究所の調査によると、休日に趣味や交友関係を充実させている人は、仕事のパフォーマンスが高いことがわかっています。

心身ともにリフレッシュできる休日を過ごすと、仕事への意欲や集中力が高まり、結果として生産性の向上につながるのです。

私は、休日を寝て過ごしたり、何もしないでボンヤリとすることを、否定しているわけではありません。

疲れを感じているならば、しっかりと休んで疲れを取り除くことが大切ですが、もっと大事なのは、**疲れたから休むのではなく、疲れる前に休む**……というライフスタイルを手に入れることです。

私はこれを、体力と気力を使い果たさない「**温存戦略**」と呼んでいます。

温存戦略を取るためには、短い時間で成果が上がる働き方を心がけて、平日の仕事の生産性を上げる必要があります。

それが働き方改革の理想的な形であり、そのためのメソッドは私の著書『仕事は初速が9割』で詳しく紹介していますが、そうした働き方を手に入れるための原動力となるのが「**しっかり休む**」ということなのです。

「しっかり休む」→「疲れを取る」→「体力と気力を回復させる」→「自己効力感を高める」→「仕事に前向きに取り組める」→「仕事の効率が上がる」→「仕事の生産性がアップする」→「仕事の時間が短くなる」→「働く時間が減る」→「休みが増える」→「しっかりと休める」……というサイクルをイメージすれば、休むことや休日の重要性が理解できると思います。

現代のビジネスパーソンにとって、「休み方改革」を考えることは、これからの働き方に大きな影響を及ぼす重要な課題といえます。

本書が、慌ただしい毎日を送っているビジネスパーソンのマインドチェンジの一助となることを願っています。

越川慎司

2024年10月

世界の一流は「休日」に何をしているのか●目次

第1章 日本人は、なぜ疲れていても休めないのか？

第2章

ここが違う！「世界」の休日と「日本」の休日

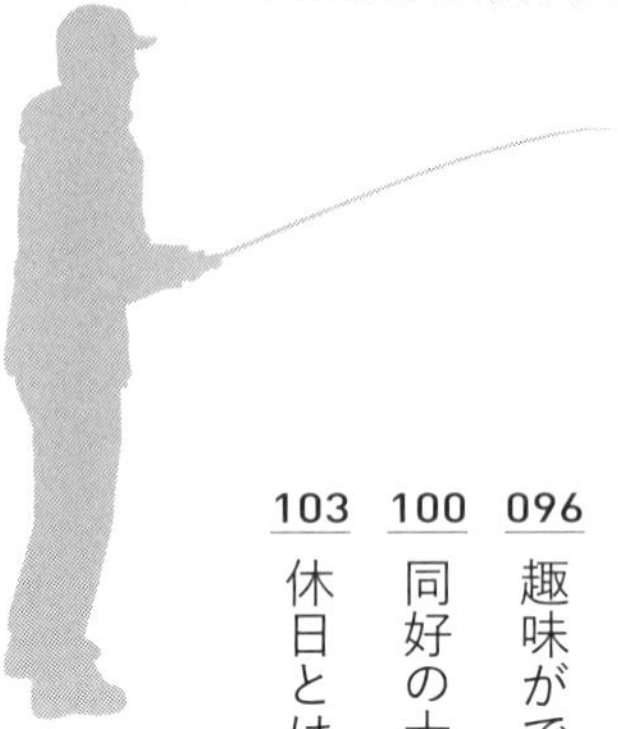

実践⑤良好な人間関係の維持

第3章

世界の一流は休日に「自己効力感」を高める

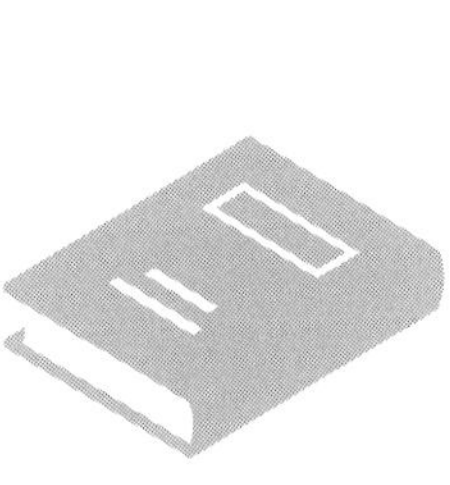

第4章 「土曜」と「日曜」を戦略的に使い分ける

第5章

休日に「1日7分」の新習慣

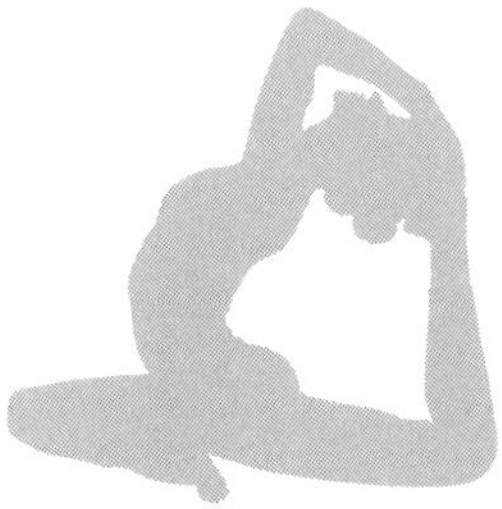

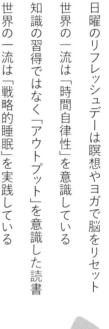

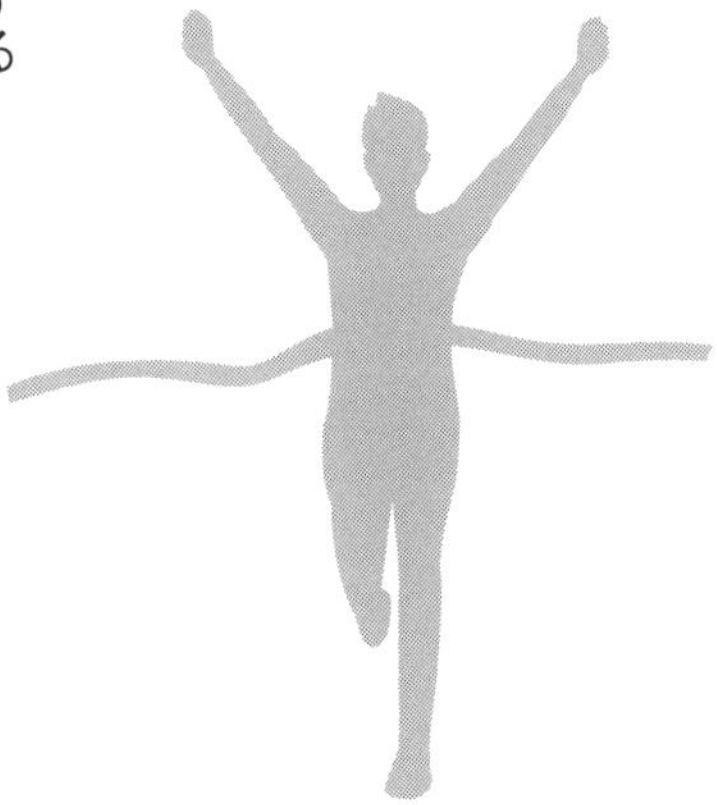

第1章

日本人は、
なぜ疲れていても
休めないのか?

日本人の休日が増えていない二つの要因

日本企業で「働き方改革」の取り組みが本格スタートして5年が経ちましたが、日本のビジネスパーソンの働き方は、どのように変わったのでしょうか？

2019年の労働基準法の改正によって、残業は原則として月45時間、年360時間を超えてはならない……という時間外労働の上限規制が設けられました。

その結果、何が起こったかといえば、企業は「残業の削減」ばかりに目を向けることになり、**「残業ができなくなって、逆に仕事が忙しくなった」**と感じている人が増えています。

働き方改革の目的は、「労働者がそれぞれの事情に応じた多様な働き方を選択できる社会の実現」にありますが、現時点では、十分な成果は出ていません。

労働政策研究・研修機構の調査（2021年）によると、**日本人の年次有給休暇の取**

得率は「56・6％」にとどまっています。残業時間は制限されても、忙しいことに変わりはなく、休日も増えていない……というのが、日本のビジネスパーソンの実情です。

働き方改革が有効に作用せず、日本人の休日が増えていない背景には、大きく分けて二つの要因があります。

一つは、働き方改革のスタートが、２０２０年３月に顕在化した「コロナ禍」の発生と重なってしまったこと、もう一つは日本企業の「体質」や「考え方」がアップデートされていないことが関係しています。

第１章では、この二つの要因を中心として、日本のビジネスパーソンを取り巻く現状にスポットを当てて、問題点を浮き彫りにします。

疲れていても、仕事を休めないのはなぜか？

世界の一流の休日の過ごし方を知る前に、まずは自分が置かれている状況を冷静に見つめ直し、休みを取りにくい原因を自分のできる範囲でクリアしていくことが、充実した休日を手に入れるための最初の一歩となります。

日本中の企業にコロナ禍の「後遺症」が蔓延している

コロナ禍は、ビジネスパーソンの仕事や働き方に多大な影響を及ぼしましたが、その余波は、日本の各企業に「後遺症」のように蔓延しています。

その代表的な事例には、次のような三つがあります。

【後遺症①】リモートワークの普及で「隠れ残業」が増加

コロナ禍によって、日本企業では不可能と考えられていたリモートワークが飛躍的に浸透しましたが、その普及に伴って、思わぬ弊害が起こっています。

在宅勤務が増えたことで、通勤時間はカットできましたが、自宅で仕事をしているとオンとオフの線引きが難しくなり、上司から「早く帰れ」と言われることもないため、「隠れ残業」が増えているのです。

隠れ残業とは、会社に残業の報告をせず、出勤打刻をする前や退勤打刻をした後に仕事をすることで、別名「**ステルス残業**」と呼ばれています。

弊社が日本のビジネスパーソン7659人を対象に実施した調査では、**リモートワークの導入によって、平均で「17％」も働く時間が増えています。**

土日の休日に仕事のメールやチャットを確認したり、調べものをすることも隠れ残業ですから、現代のビジネスパーソンの労働時間は確実に長くなる傾向にあります。

【後遺症②】コロナ前よりも忙しくなって、体調を崩す人が急増中

コロナ禍によるビジネスの抑制が一段落した段階で、**今度は深刻な人手不足とインフレに見舞われた**ことによって、現在は多くのビジネスパーソンがコロナ前よりも多忙な毎日を余儀なくされています。

仕事の忙しさに伴う疲労やストレス、リモートワークによる孤立化などが原因となって、メンタルをやられたり、体調を崩すビジネスパーソンが増えています。

【後遺症③】緊急事態宣言の影響で有給休暇を取らない人が続出

有給休暇の取得率が「56・6％」と低迷している背景には、コロナ禍も深く関係しています。

決定的な要因は、2020年4月から2021年9月まで、計4回にわたって長期的に発出された「緊急事態宣言」です。

有給休暇は夏季休暇や年末年始休暇の前後に取得する人が多い傾向にありますが、緊急事態宣言下では、不要不急の外出を控える必要があったため、家族で旅行に行ったり、実家に帰省することができず、**有給休暇を取らない人が多かった**のです。

緊急事態宣言が収束した現在でもリモートワークやハイブリッド勤務（出社とリモートの併用）が継続しているため、何となく有給休暇を取りづらかったり、取りそびれたり、休暇を申請する習慣がなくなった人も少なくないといいます。

こうしたコロナ禍の後遺症が発端となって、オーバーワーク（働き過ぎ）になっていないか、日ごろの働き方を冷静に見つめ直す必要があります。

日本企業に特有の「個人依存」の傾向が続いている

日本のビジネスパーソンが「休めない」→「休まない」理由の一つは、日本企業に「個人依存」の体質が根付いていることです。

個人依存とは、**その人が休んでしまうと、仕事が回らなくなる**……という日本企業に特有の現象を指します。

コロナ禍の混乱によって各企業で個人依存の傾向が一段と強まったことで、ディストーション（ひずみ）が30代を中心とした中間管理職に出ています。

その顕著な例といえるのが、次のような三つの現象です。

【現象①】30代の「モチベーション」がダダ下がりしている

個人依存というのは、仕事ができる人に仕事が集まる→その人が休むと仕事が回らなくなる↓その人は休めなくなる↓その人が疲弊する↓チームの生産性が下がる……というサイクルを意味しています。

そのシワ寄せは、チームの中心的存在となる中堅に集中することになり、多くの企業で30代のモチベーションの低下が顕在化しています。

【現象②】若手への「配慮」が中間管理職を疲弊させている

中間管理職が上司と部下の「板挟み」であることは、今に始まったわけではありませんが、ここ数年は、**下の世代に対する「配慮」を求められることが多くなり、それが大きな負担となっています。**

彼らの部下となる20代前半は、会社の中でチヤホヤされている世代です。

人手不足の影響もあって、怒らない、早く帰す、辞めさせない……を求められているため、強い指導もできず、モヤモヤした気持ちを増幅させています。

最近では、新入社員の初任給が格段に上がっており、20代の給料が30代を追い抜く可能性が高まっていることも、彼らのモヤモヤに拍車をかけています。

【現象③】背負っているものが多い分だけ、ストレスが溜まる

働き方改革によって働く時間に制限が設けられ、強い指導もできなくなったことで、20代の社員が一人前になるまでの時間は延びる傾向にあります。

それを補うために、重い負荷がかかっているのが30代です。

30代の彼らは、20代の頃に厳しい先輩や上司から強い指導を受けて、怒られたり、四苦八苦しながら、苦労を重ねて一人前になった最後の世代です。

仕事の多くは必然的に30代の中間管理職に集中することになり、疲れていても休めない……という毎日を繰り返しています。

30代というのは、結婚したり、子供ができたり、家を買ったりする人が多い年代ですから、背負っているものが多い分だけ、我慢をしがちです。

社内で最も忙しく仕事をしている人たちが、最も休めない状況にあるのです。

ある大手企業では、個人依存を減らすために**「二人組制度」の導入**を始めています。

キャリアが同じレベルの２人がペアを組み、お互いの仕事を理解して代替できるようにしたことで、どちらが休暇を取っても仕事が回る仕組みを作ったのです。

この制度を始めたことで、**有給休暇の取得率が格段に上がった**といいます。

今後、日本企業が有給休暇の取得率を上げていくためには、30代の中間管理職を優先的に休ませる必要があります。

まずは30代を休ませ、その次に40代、最後に20代と50代以上というように、ターゲットを明確に分けることが大切です。

一斉に「もっと休め！」と号令を出してしまうと、実際に休めるのは20代と60代以上だけ……となってしまうのです。

「上司が休まないと休みにくい」という風潮

日本のビジネスパーソンが有給休暇を「取らない」→「取れない」背景には、日本企業に「上司が休まないと休みにくい」という雰囲気や風土が色濃く残っていることも深く関係しています。

20代の若手社員には、職場の空気を読まず、積極的に休みを申請する人が増えていますが、中堅以上の場合は、そこまでドライに割り切ることができません。

ある程度、社歴が長い人ほど、上司に気を遣ったり、チームリーダーの顔色を見て、「休めるかどうか?」を見極める傾向が強くなります。

そうした状況判断に対して、多くの上司が「責任感の現れ」と前向きに受け取っているため、「休める状況でも休めない」という状況を生み出しています。

上司が休まないと休みにくい企業には、次のような二つの特徴があります。

【特徴①】「リモートワーク」の比率が高い企業

意外に感じるかもしれませんが、リモートワークが中心で、上司やチームリーダーと顔を合わせる機会が少ない企業ほど、休みを取りづらい傾向があります。

ベンチャーのＩＴ企業などが代表的ですが、上司と部下のコミュニケーション頻度が極端に減っているため、**腹を割って話ができず、心理的安全性が担保されない状況**になっています。

「来週、子供の運動会があるので休みたい……」というようなことが、なかなか言い出せず、休みを見送る人が多いのです。

【特徴②】長期政権で組織が硬直化している企業

社長や会長の在籍期間が長い企業は、現場の実行力は高いですが、心理的安全性に欠ける傾向があります。

努力と根性が優先され、「**休む＝怠ける**」という認識が残っています。

こうした状況では、トップや上司が休まない限り、自分から「休む」とは言い出しづらい雰囲気があります。

日本のビジネスパーソンが、上司やトップの顔色を気にして「休みたくても、休まない」という選択をする背景には、企業の中に「**1980〜1990年代の成功体験」が「レガシー」（遺産、伝統）として根強く残っている**ことも関係しています。

1980〜1990年代は、日本企業が世界で最も強かった時代です。

その頃は、経営幹部の指示通りに仕事をすれば、利益が上がる時代でしたから、働く時間と人を増やして売り上げを伸ばす……という「労働集約型」のビジネスモデルが主流となり、**日本人は誰もが「たくさん働く＝たくさん儲かる」と考えていました。**

労働集約型とは、人間の労働力への依存度が高く、お金や機械、設備よりも、人間の手による仕事量が多いビジネスを指します。

ビジネスの主要部分を労働力が占めているため、売り上げに対する人件費の比率が高く、売り上げを増やすためには、その分だけ労働力が必要になるのです。

「たくさん働く＝たくさん儲かる」という考え方は、逆の視点から見れば、**「働く時間を減らす＝売り上げが下がる」という価値基準を生み出す**ことになり、「休む」→「会社の成長に寄与しない」→「サボっている」という発想に結びつきます。

こうした価値観を実体験として学んできた人たちが、現在では企業のトップや経営幹部になっているのです。

多くのビジネスパーソンが、「疲れたくらいで、休むなよ」という無言の圧力を感じてしまうのは、上層部の価値観が30〜40年前のままアップデートされていないことが原因といえます。

上司の「休んでいいぞ」を素直に受け取れない背景

働き方改革が加速化しないもう一つの理由は、日本企業の70%が「労働集約型」のビジネスモデルであることです。

多くの企業が、基本的には「**働く人と働く時間を増やせば、売り上げが上がる**」という構造になっていますから、働き方改革によって労働時間を減らすと、ダイレクトに業績に影響が出てしまいます。

現在、日本企業の働き方改革の取り組みは、残業時間の短縮を柱とした労働時間の削減が中心になっているため、なかなか改革が進まないのです。

数多くの企業で、日常的に繰り広げられているのが、チームリーダーがメンバーに対して、「**みんな、もうちょっと休んでいいぞ、俺は働くけど**」と言っている光景です。

会社から「法令遵守」と「労働時間削減」を厳命されている上司は、何とか部下を休ませようとしますが、業績への影響を考えると自分では休むことができません。

それならば、部下は休めるのか……といえば、それほど簡単ではありません。

日本企業の人事評価は、勤続年数や勤務態度、役割などが基準になる「メンバーシップ型」が中心であり、グローバル企業のようなスキルや成果を基準にした「ジョブ型」ではないため、多くのビジネスパーソンが **「マイナス評価を回避するには、どうすればいいか？」**を考えてしまうのです。

上司から「休んでいいよ」と言われても、その言葉を額面通りにすんなりと受け取れない理由がここにあります。

上司が休んでいないのに、自分だけ休みを取ることに対して、「申し訳ない」という思いだけでなく、マイナス評価を下されることが気になって、仮に営業目標を達成していたとしても、休むことを躊躇してしまうのです。

上司に忖度するとか、空気を読むというのは、日本人に特有の文化であり、美徳でもありますが、それがマイナスの効果を生み出すこともあるのです。

私が働き方改革の支援をしている大手企業では、社長や幹部を含む管理職全員が「**年間で何日間の休みを取らないと評価が下がる**」という仕組みを取り入れています。

この仕組みによって、繁忙期を過ぎると、平日に1週間くらいの休みを取る管理職が出てくることで、会社全体に「休みやすいムード」ができ上がりました。

上司が率先して休みを取れば、部下も気兼ねなく休むことができるようになり、現在では、全社員の有給休暇の消化率は「98%」に達しています。

日本企業では、こうしたトップダウンの「休み方改革」も非常に重要になってくると考えています。

働き方改革の先にある「三つの改革」を意識する

弊社が全国528社を対象に調査したところ、働き方改革が「成功している」と回答した企業は、全体の「12%」にとどまっています。

働き方改革に成功している12%の企業と、成功していない88%の企業の間には、改革に向けてのシステムデザイン(制度設計)に違いがあります。

成功している企業は、「Why」(なぜ?)から設計を始めており、「なぜ残業が発生するのか?」とか「何のためにリモートワークをやるのか」など、問題の発生原因や成功の定義を見据えた上で、改革にアプローチしています。

これに対して、成功していない企業の場合は、「How」(どうやって?)を最初に設計することからスタートして、「どうやって残業を減らすか?」、「どのようにリモートワークを始めるか？」にポイントを置いています。

成功している企業は、働き方改革によって起こる「現場の変化」を目的としていますが、成功していない企業は、改革に「取り組むこと」が目的になっています。

働き方改革の「手段」が「目的化」しているため、どんなに時間と労力とお金をかけても期待したほどの成果が得られず、ビジネスパーソンは残業時間が減っただけで忙しいことに変わりはなく、結果的に休日も増えていないのです。

働き方改革に成功していない88％の企業の大半が、「残業時間の削減」に四苦八苦しているのに対して、成功している12％の企業は労働時間を減らすだけではなく、働き方改革の先にある「三つの改革」を推進しています。

①「休み方改革」心身を休めるための時間を増やす
②「稼ぎ方改革」生み出された時間で新たな事業に着手する
③「学び方改革」未来に備えて勉強の時間を作る

見方を変えれば、働き方改革に成功している企業というのは、これらの三つの改革を進めるための時間を作り出せているから、自信を持って「働き方改革に成功している」と宣言できるのです。

これは企業だけに限ったことではなく、現代のビジネスパーソンも「働き方改革」が「休み方改革」につながり、それが「稼ぎ方改革」や「学び方改革」に発展する……という大局的な視点を持って、仕事の生産性を向上させていくことが大切です。

自分を取り巻く「休みを取りにくい要因」に気づいて、それをクリアする工夫を続ける一方で、仕事の効率を高めて生産性を向上させていけば、インパクトのある成果が出せるだけでなく、休みを取りやすい環境を自ら作り出すことができます。

しっかりと休むためには、効率よく仕事をする必要があります。効率よく仕事をするためには、しっかりと休むことが大切です。

この二つの関係を上手に成立させていくことが、働き方改革の本来の目的である「**企業の成長**」と「**社員の幸せ**」**を両立させる**ことになります。

第2章では、世界の一流の「休日」の過ごし方を通して、ビジネスの最前線でエネルギッシュに働くためのパワーチャージのコツや、心身をリフレッシュさせるポイントなどを詳しくお伝えします。

第2章

ここが違う!
「世界」の休日と
「日本」の休日

世界の一流はどんな「休み方」をしているのか？

あなたは、「休日」に何をしていますか？

独身の人であれば、仕事の疲れを癒すために、ゆっくりと寝たり、ボンヤリと過ごす時間を大切にしているかもしれません。

家族のある人であれば、一緒に出かけたり、食事に行くこともあるでしょうが、本音をいえば、家でゴロ寝をしたり、ネット動画でも眺めていたい……と考えている人も多いのではないでしょうか。

日本のビジネスパーソンは、休日を「休息」の時間と考えて、身体を休めたり、ストレスの発散を心がけていますが、必ずしも思い通りにはなっていません。

休みが明けても、疲れは依然として残ったままで、ストレスも解消されていない……と感じている人がたくさんいると思います。

多くのビジネスパーソンが**「ブルーマンデー」（憂鬱な月曜日）を迎えてしまうのは、休日の「休み方」に問題がある**のです。

第2章では、グローバル・ビジネスの最前線で働くトップクラスのビジネスパーソンの休日の過ごし方をロールモデル（見本）として、休日の意味と意義を探ります。

世界の一流は、休日をどのように考え、何をしているのか？

彼らの休み方には、パワフルに働くためのエネルギー・チャージやリフレッシュの秘訣だけでなく、人生を楽しむための大事なヒントがあると考えています。

世界の一流の休み方を知って、休日の解像度を上げることは、これまでとは違った視点で自分の休み方を見つめ直すきっかけになります。

「こんな考え方もあるんだな」という新たな気づきが、あなたの休日を充実させて、毎日の生活にメリハリを与えてくれることになります。

世界のエグゼクティブは「休む」ために仕事をしている

世界のトップクラスのビジネスパーソンとの交流の中で、私が最もインパクトを受けたのが、彼らの休日を大事にしている姿勢です。

日本のビジネスパーソンは、休日を休息の時間と考えて、平日の疲れを癒すことを優先しがちですが、彼らにとっては、**休日こそが主役であり、平日の仕事は大事な休日のためにある**……と考えているのです。

「休みにヨットやスキーをやっているのではない。ヨットやスキーをやるために、働いているんだ」と話すなど、エグゼクティブは仕事よりも休日の楽しみを優先して考えており、ハッキリと「仕事は究極の暇つぶし」と言い切る人もいます。

日本企業のエリートが同じことを言ったら、「遊び半分で仕事をしている」と猛烈なバッシングを受けるかもしれませんが、欧米のグローバル企業の場合は、「それはそうだよね」と好意的に受け取られています。

日本と欧米では、休日に対する考え方が根本的に異なるのです。

こうした考え方の違いは、歴史的、文化的な背景も関係しています。

欧米では、個人の自由と権利を尊重する風潮が根付いており、労働者の権利もしっかりと法律で保護されています。

例えば、フランスでは労働者の権利として年間5週間の年次休暇（バカンス）を取らせる義務が雇用主に課せられています。

２０１９年からは、雇用主が従業員に有給休暇を取得させることが義務化され、現時点での消化率は１００％となっています。

フランス人は「**最も大切にしているのが家族で、その次がバカンス**」といわれるほど、休みを重要視する国民性で知られており、どんなに多忙なビジネスパーソンであっても、毎年必ず長期休暇を取得するのが一般的です。

これに対して、日本には「集団の和」を重んじる文化がありますから、個人の休暇取得が難しい職場環境も珍しくありません。

有給休暇の取得は会社やチームの状況次第となることが多く、休暇を申請したら上司に嫌な顔をされたとか、上司の顔色を見て休みを諦めたという経験は、誰でも一度はあると思います。

働き方改革が始まった令和の時代になっても、休むことに対して、何となく「後ろめたさ」や「申し訳ない気持ち」を感じている人が多いのが実情といえます。

日本人は疲れてから休み、世界の一流は疲れる前に休む

エグゼクティブの「休みのために仕事をする」という姿勢を目の当たりにして、最初は私も戸惑いました。

戸惑ったというよりも、彼らの考え方や行動に、カルチャーショックを受けたという方が正確かもしれません。

現在の私は、週休3日制、週30時間労働を基本にしていますが、もともとは寝る間も惜しんで仕事をするのが好きな「休みたくない派」の仕事人間でした。

徹夜で仕事をして、アドレナリン（闘争ホルモン）が出るのを楽しむタイプの典型的な「モーレツ社員」だったのです。

働けば働くほど成果が出る……と信じていた私は、連日の長時間労働が楽しくて仕

方なく、休日返上で仕事をする毎日を送っていましたが、新卒で入社した国内通信会社で5年目を迎えた29歳のときと、マイクロソフトで執行役員を務めていた39歳のときに心身のバランスを崩してダウンしてしまいました。

医師の診断によると、原因はどちらも過労と睡眠不足とのことでした。

当時の私は**「仕事がダメになったら、自分の人生は終わり」**くらいに思い込んで、無我夢中で仕事と向き合っていましたが、二度目のダウンで弱気になっているときに着目したのが、私の目には「能天気」と映っていたエグゼクティブたちの働き方です。

彼らの行動を観察していると、疲れたら休むのではなく、**疲れる前に休むという「温存戦略」を徹底している**ことがわかりました。

日本のビジネスパーソンの多くは、仕事の進捗状況と相談しながら、「今週は休めそうだな」とか「この感じだと休日出勤だな」と判断していますが、彼らは週末に休むことを前提にして、仕事の効率を高めています。

休めたら休むのではなく、休むために仕事をしているから、**自然とハイパフォーマンスを発揮できるだけでなく、疲れが蓄積する前に休むことができる**のです。

疲れるまで自分を追い込んでしまうと、リカバリー（回復）に時間がかかるだけでなく、私のようにダウンするリスクがあります。

結果的に仕事がストップしてしまうのですから、自分を必要以上に追い込んでも、あまりいい結果は生まれない……ということに改めて気づかされました。

もう一つ注目したのは、**彼らの休日の過ごし方**です。

日本のビジネスパーソンは、体力を削るように仕事をしていますから、週末が近づくにつれてグッタリとしてきて、土日の休みを疲労回復のための「休息の時間」と考えがちですが、彼らは週末にスポーツや趣味、家族とのキャンプやバーベキューを楽しむなど、**アクティブな休日を過ごしていた**のです。

日本のビジネスパーソンが「インドア」（屋内）で過ごすのに対して、世界の一流は「アウトドア」(屋外)を好む傾向があります。

日本人が「静」によって疲労を回復させているのに対して、彼らは「動」によっても、心身のリフレッシュを図っているのです。

休みの日にアクティブに遊べるなんて、何というタフな人たちなんだろう……。

当時の私は、彼らのエネルギッシュな休み方に仰天しましたが、ある出来事をきっかけにして、「休みのために仕事をする」ということの意味が、自分の中でストンと腑《ふ》に落ちることになりました。

人生観が変わるほどの衝撃を受けた初めての「ハーレー」体験

モーレツ型の仕事人間だった私が、人生観が変わるような出来事に遭遇したのは、二度目のダウンを経験した直後のことです。

それは、マイクロソフトの副社長との交流がきっかけです。

マイクロソフトのエグゼクティブには、クルマやモータースポーツを趣味にしている人がたくさんいました。

革ジャンを着て、大型バイクのハーレーダビッドソンに乗っている人も何人かいて、私は「めちゃくちゃカッコイイな」と思いながらも、自分には縁のない世界だと考えて、彼らを遠目で眺めていました。

ある冬の日、仕事終わりの副社長から「興味があるなら、後ろに乗ってみる?」と誘われて、軽い気持ちでハーレーの後部座席に座らせてもらったら、私が経験したことのない異次元の世界が一気に広がりました。

ハーレーが勢いよく走り出した瞬間、**私の体内を電流のようなビリビリとした衝撃が駆け巡った**のです。

ハーレーから伝わってくる振動や重低音、疾走するスピード感、カーブを曲がる際に全身で受ける重力、頬に突き刺さる強烈に冷たい風……。

そのすべてが新鮮な魅力に満ち溢れており、モヤモヤとした気分が一気に吹き飛んで、自分で気づかぬうちに、自然と笑顔になっていました。

大げさではなく、人生観が変わるくらいの圧倒的な気持ちよさだったのです。

「大型バイクというのは、こんなに面白いものなのか」と思う一方で、「自分はこれまで、この爽快感を知らずに生きてきたんだな」と考え始めました。

それと同時に、「**彼らにはこんな楽しみがあるから、平日の仕事を頑張れるのかもしれない**」ということをリアルに実感できたのです。

これといった趣味のない私にとっては、まさに「コペルニクス的転回」ともいえる貴重な経験でした。

この体験をきっかけに、思いきり遊ぶことの意味や、仕事をすることの意義について、改めて考えることになりました。

自分は何のために働いているのか？

生活をするために働いているのか？

それならば、生きることの意味は何か？

生きがいとは、何なのか？

それほど簡単に答えが見つかるはずはありませんが、アクティブな彼らを見ていて、**「働きがいとか、生きがいというのは、仕事をしているときではなく、休みのときに感じるものなのかもしれない」**と考えるようになったのです。

「ワーク・ライフ・ハーモニー」を目指している

マイクロソフトには、約300人のバイスプレジデントがいますが、彼らの休日の過ごし方を観察してみると、大きく二つの共通点があることに気づきました。

一つは、土日の休日を、次の1週間を成功に導くための準備期間と考えて**「自己再生」(本来の自分を取り戻す)を意識していること**。

もう一つは、スポーツや趣味、家族や友人とのバーベキューやキャンプなどを楽しむことで、身体と心、脳のリフレッシュを図り、次の1週間に向けて、**エネルギーを「チャージ」(充電)していること**です。

彼らは休日を休息のための時間ではなく、仕事で成果を上げるための「原動力」と考えているのです。

私が注目したのは、彼らがそれを「**楽しんでやっている**」ことです。

仕事を成功に導くための準備というと、多くの人が「苦行」や「修行」を連想してウンザリした気持ちになると思いますが、マイクロソフトのエリートたちは、スポーツや趣味を楽しみ、休日を満喫することで、自己再生とエネルギー・チャージという二つの目的を実現していたのです。

「充実した休日を過ごすことで、仕事の成果が上がる」→「成果が上がれば、休日が楽しくなる」→「休日が楽しくなれば、さらに成果がアップする」……というサイクルを回すことによって、「人生を楽しくしている」のだと思います。

彼らが休日に実践しているのは、次のような五つのことです。

【実践①】休日と仕事を切り離す

休日と仕事を完全に切り離すことを意識しています。

仕事のことは頭の片隅に追いやって、スポーツや趣味など、**目の前の楽しさに集中**

することを徹底しています。

仕事を忘れることで、脳と心と身体を「完全リセット」しているのです。

【実践②】エネルギーを再充電して、創造性や集中力を高める

休日は怠けるための時間ではなく、自分の中のエネルギーを再充電して、創造性や集中力を高めるための機会と考えています。

充実した休日を楽しむことで、**ストレス・レベルを下げ、長期的なパフォーマンスの向上を目指しています。**

【実践③】デジタルデトックスの時間を作る

休日には、デジタルデバイスから距離を置くことを重視しています。

メールやＳＮＳの確認を控えることで、**仕事の圧力から解放され、リラックスした気分で休日を満喫できる**といいます。

必要な連絡は事前に済ませるか、休日明けに対応することを周知徹底しています。

パソコンの産みの親であるビル・ゲイツも、休日にデジタルから離れる時間を意図的に作っていました。

あのビル・ゲイツでも、デジタルデトックスによって脳をリフレッシュしていることに、何か本質的な「解」があるように思います。

【実践④】健康管理を徹底する

平日だけでなく、休日も健康管理に気を配っています。

「健康的な食事」と「十分な睡眠」、「適度な運動」は、彼らのルーティンの一部になっており、これらを徹底することで、**仕事中の高いエネルギーレベルを維持し、ストレスに強い身体を保つ**ことを意識しています。

エグゼクティブの多くが、**休日に軽い有酸素運動**をしています。

ゆっくりとしたジョギングは、膝を傷めないだけでなく、糖尿病になるリスクを抑えたり、寿命が伸びるという医学的データもあります。

ジョギングは場所や時間を選ばず、道具も必要ないため、手軽な健康法として習慣化している人が多く見られました。

【実践⑤】良好な人間関係の維持

親しい友人や家族と一緒に過ごす時間を重要視しています。人とのつながりや信頼関係、愛情を深める行動は、オキシトシンの分泌を促します。オキシトシンは、「愛情ホルモン」や「絆ホルモン」とも呼ばれ、**脳内にオキシトシンが分泌されると、長く続く幸福感を得ることができます。**

人間の脳は、達成感が得られるとドーパミン(快楽ホルモン)を分泌したり、軽い運動などによってセロトニン(リラックス・ホルモン)を分泌しますが、これらのホルモンは一時的なもので、長続きすることはありません。

世界の一流は、気心の知れた友人や家族と一緒に時間を過ごすことで、**長期的な幸福感を手に入れているのです。**

こうした考え方から、彼らエグゼクティブが目指しているのは、「**ワーク・ライフ・**

ハーモニー」（仕事と生活の調和）の実現であることがわかります。

英語には「ワーク・ライフ・バランス」という表現があり、日本でも古くから知られていますが、この二つの考え方には大きな違いがあります。

ワーク・ライフ・バランスというのは、釣り合い人形の「弥次郎兵衛《やじろべえ》」のように、仕事と生活のバランス（均衡）を取って、どちらかに傾かないようにする……という考え方ですが、ワーク・ライフ・ハーモニーは、両者を切り離して考えるのではなく、上手に統合して調和させることを意味しています。

頑張って仕事をすると、プライベート（私生活）が犠牲になります。

私生活を優先させると、仕事がおろそかになります。

日本のビジネスパーソンは、**仕事と私生活を「対立構造」で考えがち**ですが、マイクロソフトのエグゼクティブは、仕事が個人の成長を促し、個人の生活が仕事のパフォーマンス向上に役立つ……と考えています。

彼らは、仕事と私生活の両方のクオリティを上げて、両方の満足度を高めることを目指しているのです。

それを上手に統合して、調和を図る役割を果たすのが「休日」であり、彼らは休日を、ワーク・ライフ・ハーモニーの「原点」と考えています。

「休みのために仕事をする」という言葉には、そうした決意と覚悟が現れているように思います。

身体やメンタルだけでなく「脳」も休めている

世界の一流のビジネスパーソンは、休日を「主体的にエネルギーを回復させる時間」と位置づけています。

日本のビジネスパーソンは、休日を日常の疲れを癒すための「休息の時間」と考え、できれば「何もしない」ことを好む傾向がありますが、彼らは疲れを取るだけでなく、良好なコンディションで翌週の仕事と向き合うために、**積極的にパワーチャージを図っています。**

私が興味を持ったのは、彼らが身体やメンタルのコンディションを考えるだけでなく、**「脳」を休める**ことにも気を配っていることです。

身体や心の疲れは簡単に自覚できますが、脳の疲れというのは、意外と気づきにくいため、そこに目を向けるという発想がない人も多いのではないでしょうか。
彼らの徹底した姿勢が、こうした点にも現れているように思います。
脳を休めて活性化するために、彼らは次のような取り組みをしています。

①十分な睡眠

週末に「寝だめ」をするのではなく、休日でも平日と同じように7〜9時間の睡眠を心がけています。

②規則正しい生活リズムの維持

就寝時間と起床時間を一定に保つことによって、「朝型」の生活リズムを維持することを大切にしています。

週末に遅い時間まで起きていたり、休日に長時間の睡眠を取ることは、脳の働きに悪影響を及ぼすといわれています。

③バランスの取れた食事

過度な糖質や脂質の摂取を避けて、脳のエネルギー源となるタンパク質やビタミンが豊富な食事を意識しています。

④運動やリラクゼーション

軽い運動やヨガ、瞑想など、心身のバランスを整えることで、脳をリラックスさせています。

⑤脳に刺激を与える活動

読書や楽器演奏など、脳の刺激を与える活動を積極的に取り入れることで、脳の活性化を図っています。

人間の脳は、睡眠不足や不規則な生活習慣、ストレスの蓄積などによって活動が鈍ってしまいますが、休憩を取らずに長時間の作業を続けるなど、日常の働き方も脳にとって大きな負担となります。

彼らは休日に心身と脳のリフレッシュを図ることで、平日の作業効率を高めるためのパワーチャージを心がけていますが、その一方で、**きちんと休日を確保するために、効率的な働き方を心がけています。**

彼らの働き方を知ることも、休み方の解像度を上げることに役立つと思います。

世界の一流はどんな働き方をしているのか?

マイクロソフトのエグゼクティブが、「休むために仕事をしている」と言い切れる背景には、仕事の生産性を高めるための効率のいい働き方があります。仕事のムダを省いて、最大限の成果を生み出す工夫をしているから、きちんと休みを取ることができるのです。

世界のトップ企業のエリートたちは、どんな働き方をしているのか?彼らの一般的な平日の過ごし方を紹介します。

日本企業では、出社時間が遅いことを「重役出勤」などといいますが、**マイクロソフトのエグゼクティブは、例外なく早朝から仕事をしています。**朝5時くらいから自宅で仕事をしたり、午前7時には出社して働き始めています。

仕事を終えるのは、ほとんどが夕方5時前後で、早い人は夕方4時には会社を出て自宅で家族と過ごしています。

マイクロソフトはグローバル企業ですから、アジアやヨーロッパなど、アメリカとは時差があるエリアを担当している人は、寝る前にメールをチェックしたり、30分程度のオンライン会議をしてから、夜9時〜10時には就寝しています。

エグゼクティブが土日に出社することは、まずありません。

序列が上になればなるほど、休む時間は多くなる傾向があります。

日本企業では、管理職が率先して休日出勤をする習慣が残っていますが、マイクロソフトでは、想定外の大きなトラブルでも起こらない限り、上層部や管理職が会社に出てくることはありません。

これは一般社員を含めての話ですが、マイクロソフトでは、土日にきちんと休むだけでなく、遅い時間まで残業して働いている人もほとんどいません。

裁量労働制によって働く時間や給料が決まっており、コアタイムもなく、自分の好きな「時間」に、好きな「場所」で、「自由」に働く環境が整っているためです。

欧米企業には、時間外手当のようなものが存在しないため、**どんなに遅くまで働いても金銭的なメリットがありません。**

メリットがないどころか、土日に働いたり、遅い時間まで仕事をしていると、周囲から「仕事が遅い人」と見られて、評価を落とすことになるのです。

日本企業では、休日出勤や徹夜仕事をしている人に対して、「頑張っている」とか、「仕事熱心」と高評価する風潮が残っていますが、欧米企業では、「そこまで時間を使わないと、成果が出せないのか……」とみなされて「仕事が遅いダサい人」という評価が下されます。

世界のグローバル企業はジョブ型の評価制度ですから、「**あの人は短い時間でスマートに仕事をしているのに、すごく成果を出しているね**」といわれるような人が、高い評価を受けることになるのです。

欧米企業では、働く時間の長短が問題にされることはなく、仕事の「成果」が出なければ、会社をクビになるのが一般的です。

多くのグローバル企業は、成果主義を採用しています。

エグゼクティブも含めて、成果が出ないと、職を退くよう勧告されています。

評価の基準は、働く時間や仕事との向き合い方ではなく、あくまでも成果を上げているかどうか……にあります。

このあたりも、日本企業とグローバル企業の大きな違いといえます。

マイクロソフトで徹底されている「ドゥ・モア・ウィズ・レス」という考え方

マイクロソフトでは、「ドゥ・モア・ウィズ・レス」(Do more with less)という考え方が企業理念のように徹底されています。

日本語に訳すと「**より少ない資源で、より多くのことに取り組む**」という意味になります。

多くの労力を注ぎ込んで一つの成果を出すのではなく、少ないリソース、少ない時間、少ないエネルギーによって、より多くの成果を出す……ことを指していますが、それを最もスマートに体現しているのが、マイクロソフトの中枢を担っているエグゼクティブなのです。

彼らに突出しているのは「**見極め力**」だと考えています。

自分がタスクに注ぎ込むエネルギーと時間が、きちんと成果につながるかどうかを見極める能力がズバ抜けており、そこに彼らがエグゼクティブに抜擢されている一番の理由があるといえます。

彼らが最短の時間と最小のエネルギーで、最大の成果を出し続けられるのは、**業務処理能力が優れているからではありません。**

マイクロソフトには、それなりにＩＱの高い社員が揃っていますから、資料を５分で書き上げるなど、仕事が早い社員はたくさんいます。

エグゼクティブは、「成果につながる努力」と「つながらない努力」を瞬時に見抜くことで**「ムダな努力」を切り捨てています。**

見極め力とは、ムダな努力を素早く見抜いて、すぐに辞める能力……と言い換えることができます。

そのスピーディーな判断の連続が、より多くの成果を生み出すことになり、結果として働く時間が短くなるだけでなく、しっかりと休める環境を作り出しているのです。

日本人には「努力をすれば報われる」と考えるところがあり、目の前のタスクに無我夢中で取り組むことが求められますが、ビジネスの世界にも「重要な努力」と「ムダな努力」が存在します。

彼らは、クールな目でムダな努力を見極めて、**重要な努力に全集中することで、たくさんの成果を上げている**のです。

日常の仕事で最も時間を取られる「会議」と「資料作成」を例に上げて、彼らの取り組み方を紹介します。

【会議】何も決まらない会議は「時間のムダ」と考えている

日本企業では、日常の仕事に占める社内会議の割合は「39％」と欧米企業に比べて多い傾向にあります。

「会議のための会議のための会議」が、会議全体の「60％」を占めている日本企業もあるほどです。

マイクロソフトのエグゼクティブは、「**ムダな会議をやめる**」ことと「**やるべき会議をコンパクトにする**」ことを重要視して、チームのメンバーにも徹底させています。

彼らの会議は、シンプルでスピーディーです。

①全員参加の「情報共有会議」はリモートで開催
②決定会議を主体にして、決定権者だけが参加
③アジェンダ（議題）が不明確な会議は開催不可
④発言のなかったメンバーは次回から参加不要

日本企業では、何も決まらず、会議の回数だけが増えてしまう傾向があります。

アジェンダ（議題）がない会議もあり、参加することが目的となっています。

マイクロソフトのエグゼクティブは「何も決まらない会議は時間のムダ」とドライに割り切って、会議の回数と時間を大幅に短縮することを意識しています。

【資料作成】確認する時間を短くして、より多くの結論を出す

日本企業では、上司の目を気にして、きれいなパワーポイントで資料を作ったり、7色のグラフを作るビジネスパーソンも珍しくありませんが、マイクロソフトではシンプルで簡潔な資料であることが要求されます。

エグゼクティブによっては、資料作りの時間さえムダと考えて、「今ある資料を見せてくれ」とか、「手書きでいいから、すぐに持ってきてくれ」と指示するケースも少なくありません。

彼らは「資料は重要なエッセンスさえわかれば十分」と考えており、**資料を確認する時間が短くなれば、結論に至るプロセスが短くなり、それだけ多くの案件の結論を出せることになる**のです。

これこそが、「ドゥ・モア・ウィズ・レス」の真骨頂だといえます。

「成果につながらない努力」を的確に見極めることで、ムダに時間を浪費しないだけでなく、その時間を成果の出る努力に使うことができます。

こうした「ドゥ・モア・ウィズ・レス」のスタイルを実現しているから、彼らは効率よく仕事をして、休日を楽しむことができるのです。

世界の一流が「長期休暇」を取っても仕事に支障が出ない理由

欧米企業と日本企業の休み方で、大きく異なるのが「長期休暇」の存在です。日本企業には、ゴールデンウイークやお盆休み、年末年始などがあり、それぞれ約1週間、長ければ10日前後の休みがありますが、欧米企業の場合は、もう少し長い休みを取ることができます。

私が勤めていたマイクロソフト本社は北米のシアトルにありますが、北米の企業では、11月の第4木曜日のサンクスギビング（感謝祭）からクリスマスまでがホリデー期間になっており、一般的なのは12月の第2週までの2週間の休みですが、**ホリデー期間の1カ月をすべて休む人もいます。**

ヨーロッパの企業の場合は、アメリカよりも長い休暇を取る傾向があり、フランスやスペインでは、ほぼ全員が1カ月程度の休みを取っています。
ヨーロッパでは、長期休暇の取得は労働者の当然の権利という考えが根付いていますから、長く休むことに「後ろめたさ」を感じる人はほとんどいません。

日本人の目から見ると、「1カ月も会社を休んで、仕事に支障はないのか?」という素朴な疑問が浮かんでくると思います。
日本のビジネスパーソンが、1カ月連続で長期休暇を取ることは限りなく不可能ですが、世界の一流は優れたタイムマネジメント・スキルを発揮して、しっかりと休める状況を自ら作っています。

そのポイントは、次の四つにあります。

【ポイント①】仕事の優先順位を見極めて、重要なタスクは休暇前に確実に完了させている
【ポイント②】チームメンバーとの情報共有を徹底して、スムーズな引き継ぎを可能

にしている

【ポイント③】この人がいないと仕事が回らないという「個人依存」の状況を作らないために、日頃から仕事の標準化に努めている

【ポイント④】日常の仕事の中で「協力し合う仕組み」を作り上げている

彼らは、日常的に業務の効率化を目指しており、それが効果を発揮していることが長期休暇の取得を可能にしています。

日本企業では、自分の仕事をチームメンバーと共有することを嫌がり、独占状態を作ることを好む人が少なくありませんが、こうした「個人依存」の状況は個人が休めなくなるだけでなく、メンバーの仕事にも影響が出てしまいます。

欧米の企業では、**日常的にお互いが情報を共有して、チーム全体で協力し合う仕組みができているから、無理なく長期休暇を取ることができる**のです。

長期休暇の目的は「家族愛」を深め、「自己啓発」に努めること

彼らが長期休暇で大切にしていることは、大きく分けて二つあります。一つは家族や親戚、親しい仲間たちとの時間を楽しむことであり、もう一つは自己啓発や教養を深めることです。

土日の休みだけではじっくりと取り組めないことを、長期の休みを使って実践しているののです。

【家族との時間】家族と一緒に過ごす時間を増やす

サンクスギビングでは、家族や友人が集まってターキー（七面鳥）やチキンを食べるのが恒例行事となっており、クリスマスは日本人にとっての正月のようなもので、家族全員が集まって楽しい時間を過ごします。

私もマイクロソフト時代には、上司や同僚のエグゼクティブからサンクスギビングに招待されて、1日に5軒もハシゴしたことがあります。

そんなときの彼らは、会社では見たことがないほどのリラックスした表情をしており、心の底から家族との時間を楽しんでいる様子を目にして、こちらまでハッピーな気分になりました。

仕事から離れて家族との時間を楽しむために、**長期休暇を使って家族旅行に出かける人もたくさんいます。**

アマゾンCEOのジェフ・ベゾスや、Facebookの創業者マイク・ザッカーバーグも例外ではなく、家族と過ごすリラックスタイムをSNSにアップして、世界中を笑顔にしています。

欧米人は「家族愛」を大事にして、家族と一緒に過ごす時間を少しでも多くすることを心がけていますが、世界の一流のビジネスパーソンにも、まったく同じことがいえます。

【自己啓発・教養】仕事とは関係のない本を積極的に読む

世界の一流ビジネスパーソンは、長期休暇を心身のリフレッシュだけでなく、**教養を深める機会**と考えています。

休暇中も能動的に学ぶ姿勢を保って、さらなる成長を目指しているのです。

脳科学によると、新しい知識や経験に出会うと、脳の神経ネットワークが活性化して、創造性やストレス耐性が高まるといわれています。

彼らは楽しみながら教養を高める習慣を身につけています。

辛い修行と考えるのではなく、**楽しみながら学ぶことで、自分を癒してくれるエンターテインメントにしている**のです。

ビル・ゲイツは読書家として知られており、離婚したという事情もあるのでしょうが、長期休暇は読書三昧の日々を送っています。

動物学の本など、自分の仕事とはあまり関係のない分野の本を積極的に読んでいるようで、彼が読んだ本の情報が世に出た途端にベストセラーになっています。

有名なのは、米国のエコノミストであるマルク・レビンソンが著した『THE BOX』（邦題・コンテナ物語）のケースです。

この本は2005年に出版され、船のコンテナのサイズを世界統一にしたことで、生産効率が20％もアップした……というイノベーションがテーマですが、ビル・ゲイツが「事業経営やイノベーションの役割についての固定観念に活を入れてくれた」と絶賛したことで、世界的にヒットしています。

世界の一流は、ほぼ例外なく、読書を自己啓発と教養の柱に据えています。

彼らが重要視している読書については、次の章でさらに詳しくお伝えします。

日本人は「休んでもやることがない」と考えている

私は現在、日本企業815社で「働き方改革」や「休み方改革」の支援をしていますが、日本のビジネスパーソンの顕著な特徴として、**有給休暇の取得率が低い人ほど、「休んでも、やることがない」と考えている**傾向が見られます。

この傾向は、管理職になるほど高くなっており、「無理して休みを取っても、コレといってやることがない。家にいても邪魔にされるだけ」という理由から、休みを取らない人が多数を占めているのです。

欧米のビジネスパーソンであれば、1週間の休みが取れたら、「家族とキャンプに行って、メジャーリーグ観戦やバイクでツーリングもできるな」と即座にスケジュールが決まります。

日本人の場合は「何をすればいいのか……」と悩んでいるうちに、2〜3日の休みを消化してしまう人も珍しくないようです。

こうした人に共通するのは「**趣味がない**」ということです。

私にも身に覚えがありますが、日本のビジネスパーソンには、「仕事以外に趣味と呼べるようなものがない」という人が少なくありません。

仕事に追われるような毎日を送っているため、時間的にも、気持ち的にも、趣味に当てられるような余裕を見出せない人が多いのだと思います。

マイクロソフトのエグゼクティブの休み方を目の当たりにして、私が「これはやばいな」と痛感したのが、自分が無趣味であったことです。

趣味と呼べるものがないと、休日をどう使えばいいのかわからず、土日はダラダラと寝て過ごすことになります。

それで疲れが取れればいいのですが、身体も心もスッキリとすることはなく、頭の切り替えができないため、脳の働きが活発になることもありません。

当時の私は「趣味を楽しむのは、定年退職してからで十分」くらいに考えていましたが、周囲のエグゼクティブが楽しそうに休日を過ごしているのを目の当たりにして、趣味の重要性を改めて認識するようになったのです。

現在の私は、当時の私が知ったら仰天するほどの「**多趣味人間**」になっています。衝撃のハーレー体験をしたことで、日本に帰ってからオートバイの大型免許を取得して、休日にはハーレーでツーリングを楽しんでいます。

トライアスロンを始めて大会に参加したり、日本人選手の活躍を応援するために、イギリスやスペインにサッカー観戦に行くこともあります。

日常的には、ロードバイクに乗って近所の道を走ったり、行く先々の土地で書店巡りをすることも、私の大切な趣味となっています。

2024年の4月からは、京都芸術大学の3年生となり、二度目の大学生活をスタートさせました。

私は京都大学で大学院生を教えていますが、京都芸術大では学生になって、アート学科の映像コースで学んでいます。

オンライン授業がメインですが、年齢が二回り以上も違う学生たちと一緒に勉強するのは新たな刺激になっています。

仕事では、ロジカル思考をする「左脳」ばかり使っていますから、**日常的に使うことのない感性とかアートを司る「右脳」を刺激することによって、脳の働きが活発化する**ことを期待しているのです。

こうした新たなチャレンジによって、私の人生は2倍も3倍も豊かになり、働きがいも同じレベルでアップしたと感じています。

マイクロソフトのアクティブに休日を楽しむエグゼクティブの姿を見て、当時の私は、「働きがいとか、生きがいというのは、仕事をしているときではなく、休みのときに感じるものかもしれない……」と考えました。

現在の私は、もう少し正確に表現することができます。

「働きがいとか、生きがいというのは、仕事をしているときではなく、**休みのときに趣味を満喫することで感じるもの**なのです」

現代のビジネスでは、最初から成功を目指さず、「行動実験」を繰り返すことが結果的に成功に近づきます。

学びを積み重ねていくことが成果を出すための最適解となっており、趣味についても同じことがいえます。

「自分には趣味がない」と感じているならば、新たなチャレンジを開始することが大切です。

さまざまな行動実験を繰り返すことによって、自分が納得できる趣味を引き寄せる

ことができます。

そのプロセスもまた、あなたの人生を豊かにしてくれるものだと思います。

趣味ができると仕事の効率が格段にアップする

弊社が日本のビジネスパーソンに実施したアンケート調査によって、**仕事で数多くの成果を上げている優秀な人は、有給休暇の消化率が20％以上も高く、複数の趣味を持っている**ことが明らかになっています。

仕事ができる人に共通する特徴は、「週末にテニスをしたいから、効率的に仕事を進める」とか、「海外にフィッシングに行きたいから、1週間の休暇を取るために仕事のスケジュールを前倒しで回す」など、**趣味を楽しむために仕事のスケジュールを逆算して考えて、業務効率を高めている**ことです。

「休めそうなら休む」とか、「暇になったら休む」と考えてしまうと、いつまで経っても休みが取れず、趣味を楽しむこともできません。

彼らは、**先に休む日を決めて、それに向かって計画的に仕事を進めることで「締め切り効果」をフル活用している**のです。

締め切り効果とは、期限を設定することで集中力が働き、効率的に作業を進めることができる……という心理現象を指します。

締め切り効果が起こると、「集中力が高まる」→「業務効率がアップする」→「早く仕事の成果が出せる」→「確実に休暇を取得できる」→「趣味を楽しめる」→「ストレスを解消できる」→「次のタスクに前向きに取り組める」……というサイクルを回すことができます。

決められた期限に間に合わせるのではなく、**自分の楽しみのために設定した自分だけの期限を守るために仕事をする**……という思いがモチベーションのアップにつながるなど、仕事のできる人たちは自分の趣味を上手に使って、仕事の生産性を高めているのです。

私の場合は、趣味ができたことで、柔軟な働き方を手に入れることができました。バイクが趣味の私は、年に2回は北海道一周のツーリングを楽しんでいますが、この趣味を可能にするために、コロナ禍の3年前からリモートワークを始めて、どこにいても仕事ができる環境を整えたのです。

リモートを導入したことで、企業コンサルティングや講演、講座などは旅先のホテルでできるようになったため、仕事場所の自由度は格段にアップしました。

コロナ禍の外出禁止令下でも、普段と変わらずに仕事ができたことで、難局を問題なく乗り越えることができました。

北海道のツーリングを楽しむための選択肢が、結果的に大きなラッキーを呼び込んでくれたのです。

この経験を通して、「**楽しく遊ぶためには、どんな働き方をすればいいのか？**」という視点で日常を見つめ直してみると、小さな発見がいくつもありました。

例えば、仕事をしているときの「休憩」の取り方です。

ツーリングをしていると、45分から1時間くらい走ったら、疲れていなくてもパーキングエリアなどで小休止することが、自分の安心と安全を守ることになります。

私は、このサイクルを日常の仕事にも応用して、疲れを感じていなくても、45分ごとに短い休憩を挟むことで、作業効率を高めて、疲労の蓄積を回避しています。

休日に楽しく遊んでいると、仕事をしている中では気づかないヒントを発見することができると思います。

同好の士が集まることで「偶然の出会い」が生まれやすい

趣味を持つことによる「恩恵」は、仕事の効率アップだけではありません。

趣味というのは、同じことに興味があり、同じようなお金の遣い方をする人たちが集まって、コミュニティが形成されやすい……という特徴があります。

同好の士が集まることで、新たな出会いのチャンスが生まれやすいのです。

私はトライアスロンを趣味にして、休日には大会に参加しています。

この競技は、水泳、自転車、ランニングの3種目を連続して行うもので、医師や会社経営者なども数多く参加しています。

そういう方々と、全国で開催される大会で出会って、現在では弊社のクライアントになっている人もいます。

アウトドアの趣味ができると、家の中でゲームをしていたのでは絶対に出会わない人たちと、新たなネットワークを築くことができるのです。

米国スタンフォード大学のジョン・D・クランボルツ教授が提唱したキャリア理論『プランド・ハップンスタンス理論』によると、**個人のキャリアは、予期しない偶然の出会いによってその8割が形成されている**……といいます。

クランボルツ教授は、偶然の出会いをキャリア形成のチャンスにするためには、次のような五つの要素が大切だと説いています。

①**「好奇心」**　興味関心のある分野以外にも、視野を広げること
②**「持続性」**　失敗してもあきらめず、努力し続けること
③**「楽観性」**　予期せぬことが起こっても、ポジティブに考えること
④**「柔軟性」**　フレキシブルな対応を心がけること
⑤**「冒険心」**　結果が不確実でも、リスクを取って行動を起こすこと

この五つの要素のすべてを満たすのが趣味であり、すべてを共有できるのが、趣味を通じて出会う友人たちです。

本気で趣味を楽しみ、真剣に遊ぶことが、偶然の出会いを引き寄せるのではないかと考えています。

休日とは、他人から評価されることのない自分軸の時間

日本企業のビジネスパーソンは、仕事を通じて自己成長のためのさまざまな挑戦を続けていますが、一番の行動ハードル（障害）は、**「失敗が怖い」と考えている**ことにあります。

欧米企業の人事評価は、職務責任を明確にして評価する「ジョブ型」です。一方、日本企業は主に勤務態度などが基準になる「メンバーシップ型」が中心ですから、失敗をしないことが高評価の対象となります。

成功パターンが多様化している現代のビジネスでは、失敗、失敗の先に成功がある……と考えて「行動実験」を繰り返す必要があります。

メンバーシップ形では、失敗を避ける傾向が強くなるため、仕事に閉塞感を生み出

しているように思います。

こうした状況にある日本のビジネスパーソンが自己成長を目指すためには、休日の過ごし方や趣味を大事にする……という視点を持つことが大切です。

休日とは、他人から評価されることのない自分軸の時間です。

自分が主役の時間を自分がコントロールして、自分が選んだことをやっている……という感覚が、生きがいや働きがいに大きく影響します。

主体的に時間を使うことを、私は「**時間自律性**」と呼んでいます。

クライアント企業の社員17万人の「働きがい」を調査して明らかになったのは、この「時間自律性」に気づき、それを高める努力をすることが、自分で自分を評価することにつながるということです。

他人依存ではなく、自分軸の評価が、働きがいだけでなく、生きがいも高めることがわかっています。

グローバル企業のエグゼクティブであっても上司がいますから、彼らも評価される側であることは同じです。

彼らが休日を楽しんでいる背景には、誰からも評価されることのない自分だけの自由な時間を謳歌することで、生きがいや働きがいを見出している……という側面があるのです。

世界の一流が休日に自分の趣味を楽しんでいるのは、**休日を通して「自己効力感」を高めようと考えている**ことに理由があります。

自己効力感とは、カナダの心理学者アルバート・バンデューラが提唱した概念で、「自分なら必ずできる」とか「きっとうまくいく」と思える感情や自信のような感覚を指します。

自己効力感が高い人は、どんな状況でもポジティブに行動できるだけでなく、次のような五つの特徴を持っています。

①新しいことに積極的にチャレンジする
②どんなことでも素早く行動を始める
③失敗しても過度に落ち込まない
④できない理由ではなく、どうすればできるかを考える
⑤周りから学ぶ姿勢を持っている

私の経験でいえば、オートバイにしてもトライアスロンにしても、「自分にはできないだろう」と勝手に自分の能力に蓋《ふた》をしていましたが、いざ蓋を開けてみたら、**意外とできたことに自分自身が驚きました。**

この「やってみたら、意外とできた」という自信が自己効力感の本質であり、世界の一流は休日や趣味を通して、この感覚を養っているのです。

次の第3章では、世界の一流が実践している自己効力感の高め方に着目して、その重要性を深く掘り下げます。

第3章

世界の一流は休日に「自己効力感」を高める

自己効力感とは、自信を持ってポジティブに仕事と向き合うマインド

世界の一流は、休日を使って身体と脳の休息を図るだけでなく、「心のエネルギー」をチャージすることで、仕事に対するモチベーションを高めています。

彼らが意識しているのは「**自己効力感**」**をアップさせること**です。

この章では、世界の一流が実践している自己効力感の高め方を通して、ポジティブな気持ちで仕事と向き合うためのマインドセットの秘訣をお伝えします。

自己効力感とは、「**自分は目標を達成できるだけの能力を持っている**」と自分自身が認識することを指します。

言い換えるならば、「自分に自信を持つ」ということです。

自己効力感を高めるメリットは、前章の最後にお伝えした通りですが、自己効力感

が低い状態にあると、やる気やモチベーションに大きく影響します。

その顕著な傾向には、次のようなものがあります。

①考え方がネガティブになる
②失敗を恐れて挑戦を避ける
③不安や困難があると途中で諦めてしまう
④工夫や努力を継続できない
⑤失敗すると立ち直りが遅い

弊社がクライアント企業815社を調査したところ、メンタルが不調になる人の多くが、月曜日の朝に何らかの異変を自覚していることがわかっています。

休日の終わりに月曜日が憂鬱に感じる「ブルーマンデー症候群」は、仕事のプレッシャーが原因とされていますが、**自己効力感が低いことも深く関係しています。**

「自分は何の役にも立たない」とか、「上司の期待に応えられそうもない」という自信のなさが、頭痛や動悸、体のだるさ、胃の重たさ、嘔吐《おうと》などを引き起こし、その状態が長く続くことで、メンタルがダメージを受けるのです。

こうした事態を回避して、良好なコンディションで月曜日の朝を迎えるためには、**土日の休日に自己効力感を高めておく**必要があります。

「自己肯定感」ではなく「自己効力感」を重視する理由

自己効力感と混同されがちなキーワードに「自己肯定感」がありますが、この二つの間には大きな違いがあります。

自己肯定感とは、自分の能力や価値に対して、自己評価が高い状態を指します。自己評価が高いというのは、**他の人と比べて「自分の方が上」と判断すること**ですから、ハードルが高くなり、ストレス・レベルも高くなる考え方といえます。

それに対して、自己効力感は他の人と自分を比較するのではなく、**「自分ならばできる」と自分の能力や価値に自信を持つこと**ですから、ハードルは自然と低くなり、ストレスを感じる余地のない考え方といえます。

私が自己効力感に注目しているのは、**行動ハードルが低いだけでなく、他の人と自**

分を比較する必要がないことが一番の理由です。

欧米企業のエグゼクティブが自己肯定感ではなく、自己効力感を大切にしている根拠もここにあります。

彼らには、他人との比較で自分を判断する……という発想がありません。

世界の一流は、自分と自分のファミリーを大切にしていますが、「あの同僚は自分よりも楽しい休日を過ごしていそうだ」とか、「あのファミリーは自分のファミリーより幸せそうだ」と考えることはなく、あくまでも自分と自分のファミリーを「中心軸」に置いて、すべてを判断しています。

他の人と自分を比較しても、幸せを感じ取ることはできないと思います。

「自分はアイツよりも給料が高い」とか、「あの人がいいバッグをもっているから、私も持ちたい」など、自分の幸福を他の人との比較で考えてしまうと、幸せの基準を見失うだけでなく、メンタルをやられる原因にもなります。

「人間の欲望の9割は他人の欲望の模倣から始まる」といわれますが、自分が幸せを感じるのは、それが自分の基準を満たしているからであって、他の人の基準で考えてしまうと、いつまで経ってもハッピーは感じられないように思います。

米国の社会学者ロバート・K・マートンが提唱した理論に「アファメーション」という考え方があります。

アファメーションとは、自分の理想やポジティブな未来、目標を達成した状態を思い描いて、それを言語化して繰り返し宣言していると、**何の科学的根拠のない思い込みであっても、本当に実現する**……という人間の潜在能力のことで、心理学では「自己達成予言」とか「自己成就的実現」と呼ばれています。

アファメーションには、不安な気持ちやネガティブな感情を払しょくして、前に進む意欲や集中力を生み出す効果があると考えられています。

自己効力感というのは、まさに最良のアファメーションといえるかもしれません。ポジティブな気持ちで、前向きに仕事と向き合うことができれば、仕事も人生も楽しくなり、休日を充実させるだけでなく、ＱＯＬ（生活の質）を高めることになります。

そのための大事なキーワードが、世界の一流が着目している自己効力感なのです。

自己効力感を高めるための四つのアプローチ

自己効力感を高めるためには、「自分を肯定的にとらえる」という意識を持って、ポジティブな気持ちを作り出す工夫をすることが大切です。

難しい取り組みをする必要はありません。

自分の能力や可能性を否定的に考えるのではなく、あくまでも「前向きな自分になる」というイメージを持つことがポイントになります。

世界の一流が実践しているのは、次のような四つのアプローチです。

【アプローチ①】簡単な目標を設定して、小さな達成感を得る

自分に自信を持つためには、一度きりの大きな充実感を得るよりも、**小さな成功体**

験を積み重ねて、それを脳に記憶させることが重要です。

休みに入る前に簡単な目標を設定し、それをクリアすることで、ささやかな充実感を味わうだけで効果があります。

金曜日の夜に、「土日の間に気になっていた本を20ページだけ読もう」という目標を立てたら、休みの時間を使って、実際にその本を読んでみることが第一歩です。

仮に10ページしか読めなかったとしても、**「目標の半分だな」と考えるのではなく、「目標の半分まで到達できた」と考える**ことが重要です。

ネガティブな側面を見るのではなく、ポジティブな視点で見る意識を持つことで、小さな達成感と充実感をキャッチすることがポイントです。

ギターに興味があるなら、実際にギター教室に習いに行かなくても、楽器店に足を運んで、好みのギターを眺めて見るだけで小さな行動実験となります。

職場に外国人の同僚がいるなら、その人の母国語をネットで検索して、簡単な日常会話でコミュニケーションを取ってみるのも面白いと思います。

週末の夜に、「今週はキツかったな」と感じているならば、「明日は9時間の睡眠を取る」と目標を設定して、それを実行することでも効果があります。

土日の休みを漠然と寝て過ごすのではなく、最初に「しっかりと寝る」と計画を立てて、その目標を達成するだけで、**脳はそれを成功体験と認識する**のです。

大事なのは、行動ハードルの低い目標を設定し、実際にやってみることで、「**自分は、やればできる**」という前向きなマインドを作り出すことです。

休日の間に成功体験を得ることによって、自然と自分に自信が持てるようになり、自己効力感を高めることができます。

【アプローチ②】新しいことにチャレンジする

自分が経験したことがないことや、慣れていない分野に挑戦することも、自分の可能性を広げることにつながって、自己効力感が高まります。

こうした視点を持つことは、新しいスキルを身につけることにも役立ちます。

海外のエグゼクティブには、休日に料理にトライする人がたくさんいます。

料理というのは、クリエイティビティ（創造力）にあふれて、家族や友人を喜ばせるエンターテインメントにもなりますから、「この週末は、極上のローストビーフにチャレンジするよ」と嬉しそうに話す姿をよく見かけました。

上手に料理が仕上がれば、新たな自分の能力を見出すことになります。

仮に失敗しても、奥さんの偉大さを改めて認識するだけでなく、再度のチャレンジの意欲が湧いてきます。

彼らに共通するのは、「新たな経験を獲得する」という意識が高いことです。

大切なのはチャレンジに成功することではなく、**その挑戦を楽しむことで、次のチャレンジに向けて気持ちを高める**ことにあります。

スポーツや語学学習でも同じことがいえますが、トライ&エラーの繰り返しが自分の能力を高めることになり、その経験が自己効力感を高めることにつながります。

【アプローチ③】人とのつながりを大切にする

海外のエグゼクティブは、周囲の人たちと良好な関係を築き、精神的な安定を得ることが、自己効力感に大きく影響する……と考えています。
こうした人間関係は、先述の通り、長期的な幸福感を促すオキシトシンの分泌に影響を与えます。

グローバル企業のエグゼクティブであっても、日常の仕事が気遣いと忖度の連続であることに変わりはありません。
自分が大切にしている家族との時間を楽しんだり、腹を割って話ができる友人たちと休日を過ごすことが、自己効力感を高める「原動力」となっているのです。

誰でも経験があると思いますが、「あなたならできるよ」とか「絶対に大丈夫」という励ましの言葉をもらうと嬉しくなります。

その行動に取り組む勇気が湧いてきて、モチベーションが高まります。

自分にエールを贈ってくれる人たちとの関係を大事にすることは、心のエネルギーをチャージすることでもあるのです。

【アプローチ④】自己省察《せいさつ》の時間を持つ

グローバル企業のエグゼクティブには、休日の朝にヨガや瞑想、マインドフルネスなどを実践する人がたくさんいます。

休日に「自己省察」の機会を設けることで、**自分自身と向き合い、自己理解を深めている**のです。

自己省察とは、自分の価値観や思考パターンなどを客観的に見つめ直すことで、「**どうすれば、もっと良くなるのか?**」を考えることです。

仕事のムダを省いて効率的に進めるためには、金曜の午後に15分程度の「振り返り」

の時間を設けることが有効ですが、彼らは日常生活でも、同じように改善点を見つけ出す習慣を持っているのです。

公園のベンチなどでボーッとすることも、自己省察の時間を作ることに役立ちますが、個人的にはサウナが最適だと思っています。

その理由は、①密室で自分だけの時間が作れる②スマホを持ち込めないので、デジタルデトックスができる③新陳代謝が良くなるため、ストレス発散になる④入眠しやすくなり、睡眠が深くなる……など、たくさんのメリットがあるからです。

自己効力感というのは、休日の間に一度だけ「自分には、こんなことができる」と感じられれば十分であり、**何度も繰り返す必要はありません。**

大事なポイントは、行動ハードルを低く設定することです。

簡単な目標を設定すれば、「何もしない」というリスクが避けられ、**「何かを少しだけやってみる」という小さな行動実験を続けることができます。**

世界の一流は「芸術鑑賞」と「読書」を重要視している

海外のエグゼクティブは、休日に美術館に足を運んで芸術鑑賞の時間を作ったり、自宅や好きな場所で読書をすることで、自己効力感を高めています。

この二つは、彼らの趣味であると同時に、自分の感覚や能力を高めてくれる大事なツールであり、人生を豊かにしてくれるエンターテインメントでもあります。

世界の一流は、なぜ芸術鑑賞と読書を重要視しているのか？

彼らは、古今東西のアートに触れたり、幅広い分野の本を読むことで、休日を実りある時間にするだけでなく、さまざまな恩恵の享受を意識しています。

【芸術鑑賞】

リベラルアーツの習得と脳の活性化を目指す

世界のエグゼクティブには、芸術鑑賞を趣味にしている人がたくさんいます。美術館の非日常的な空間で、多様なアートに触れることによって、ストレス発散や気分のリフレッシュを図っていますが、彼らが芸術鑑賞を楽しむ背景には、二つの別の理由があります。

一つは、グローバル・ビジネスの最前線で働くエグゼクティブに必要不可欠な「**リベラルアーツ**」**を身につける**こと。

もう一つは、「右脳」に刺激を与えて脳の活性化を図り、**平日の作業効率を高める**ことです。

①リベラルアーツを習得して、多角的な思考力を養う

リベラルアーツとは、日本語では「一般教養」と訳されていますが、欧米社会では「**実**

用的な目的から離れた純粋な教養」と考えられています。
世界水準のビジネスに取り組むエグゼクティブにとって、リベラルアーツは必要不可欠な「素養」（日頃から蓄えている教養）とされています。

リベラルアーツは芸術だけでなく、人文学や自然科学、社会科学など多岐にわたりますが、彼らは芸術鑑賞や読書を通して、幅広い分野の知識や思考方法を学ぶことを大事にしているのです。

さまざまな分野の知識を獲得すると、論理的思考力や創造力が身につき、**物事を多角的に考える能力を養う**ことができます。
世界のエグゼクティブたちは、芸術鑑賞をリベラルアーツ習得のための大きな柱と考えています。

彼らは、「芸術鑑賞を楽しむ」→「リベラルアーツが身につく」→「自分の能力が高まる」→「今後の可能性が広がる」→「自己効力感が高まる」というイメージを持って、休日の美術館巡りを満喫しているのです。

②右脳を刺激することで、想像力や発想力を高めている

人間の脳は、右脳と左脳のどちらかが疲れると、反対の脳が活性化する……と考えられています。

平日の仕事では、論理的思考を司る左脳を酷使していますから、彼らは休日に**アートを楽しむことで右脳を活性化**させています。

感覚や直感を司る右脳に刺激を与えることで、イメージ力や想像力、ひらめき、発想力を高めています。

脳の活性化を図ることは、平日の作業効率を高めることにつながります。

芸術鑑賞は、彼らにとっての大切な趣味であると同時に、自己効力感を高めるための大事なツールとなっています。

【読書】

本を通じて知識を深め、発想力を鍛えている

世界の一流は、知識を蓄えて自己効力感を高めるために読書を重視しています。

現代はインターネット全盛の時代ですが、グローバル・ビジネスの最前線で働くビジネスパーソンの多くは、読書を通じて知識や知見を深めています。


世界レベルで活躍する有名ビジネスパーソンは、どんな読書をしているのか？

彼らの読書との向き合い方を紹介します。

◆ビル・ゲイツ　毎週1冊のペースで本を読んでいる

マイクロソフト創業者で、「Ｗｉｎｄｏｗｓ」の生みの親として知られるビル・ゲイツは、毎週1冊(年間50冊)のペースで本を読んでいます。

その大半がノンフィクションで、公衆衛生やエンジニアリング、疾病や科学など、ジャンルは多岐にわたります。

週末には話題の小説を読むこともあり、興味が湧いてくると、深夜まで一気に読んでしまうといいます。

ゲイツは毎年11月末になると「**今年読んだ最高の本**」を紹介しており、そのリストに掲載されると、すぐに全米でベストセラーになります。

◆イーロン・マスク　歴史や哲学の本で広範な知識を得ている

スペースXやテスラCEOのイーロン・マスクは、9歳のときにブリタニカ百科事典の全巻を読破したと伝えられています。

若い頃にはSF小説に熱中したこともあり、毎日10時間を読書に費やして、**1日2冊のペースで読書三昧の毎日を送っていた**といいます。

現在はロケット関連の本を中心に、休日には歴史や哲学、科学の本を読んで広範な知識を得ているそうです。

◆マーク・ザッカーバーグ　読書を通じて異なる文化や歴史を学ぶ

ＩＴ大手メタ（旧フェイスブック）ＣＥＯのマーク・ザッカーバーグは２週間に最低１冊の本を読むことを習慣にしており、「**異なる文化、信仰、歴史、テクノロジーについて学ぶことを重視している**」といいます。

ザッカーバーグは、「本を読むことで、我われは一つのテーマを十分に追求し、深く没頭することができる。今のどのメディアもかなわない」と話しており、できる限り読書の時間を増やしているそうです。

◆ウォーレン・バフェット　読書で得た知識を投資に活用する

世界的に名前を知られた投資家で「投資の神様」と呼ばれるウォーレン・バフェットは、**１日５～６時間は読書の時間を作り、週末のほとんどを読書に費やす**ことで知られています。

投資に活かす前提で盆栽の本を読むなど、投資とは無関係な本を大量に読むことで、洞察に基づく投資判断に活用しているのです。

その旺盛な知識欲は、94歳となった現在も(2024年10月時点)衰えを知らず、世界中の投資家が、彼の好奇心の向かう先に注目しています。

世界の一流に共通するのは、読書を通じて知識を深めることで、発想力や創造力を鍛えていることです。

彼らにとって、**読書は自己効力感を高めてくれるだけでなく、未来を見通すための望遠鏡の役目も果たしているの**だと思います。

日本のビジネスパーソンはどんな読書をしているのか？

弊社が日本企業で著しい成果を出している一流ビジネスパーソン962人に調査したところ、彼らは1年間で平均43・2冊の読書をしていることがわかりました。

これに対して、成果が平凡な社員の年間読書量は平均2・4冊ですから、**一流社員は一般社員の18倍も読書をしている**ことになります。

この違いは、そのまま知識欲や好奇心、情報量の違いとなるため、この数字の差が仕事の成果にリアルに表れていると考えることができます。

日本の一流ビジネスパーソンは、多忙な毎日を送っているため、平日に読書をする時間的な余裕はありませんが、一般社員と比べて有給休暇の消化率が高いこともあり、有給休暇や夏季休暇、年末年始の休みなどに集中して読書をする傾向が見られます。

彼らが読んでいるのは、仕事と関係のあるビジネス書が中心ですが、最近の追跡調査によって、**その読書傾向には「5対2の法則」がある**ことがわかっています。

彼らは平均すると1週間に1冊くらいのペースで読書をしていますが、多くが一度に平均7冊をまとめ買いしており、その内訳が話題のビジネス書5冊に対して、小説や図鑑など自分が興味のある本が2冊となっているのです。

日本企業の仕事ができるビジネスパーソンは、「5対2の法則」の割合で読書をすることで、自己効力感を高めていると考えることができます。

休日のリラックスタイムに将来のことを考える

世界の一流のビジネスパーソンは、休日を利用して自分自身と向き合い、この先のことを冷静に考える機会を作っています。

平日は目の前のタスクに追われがちですが、休日のリラックスタイムであれば、**肉体的にも精神的にも、今後の展望に目を向ける余裕があります。**

客観的に自分の立ち位置を見つめ直し、自分の考え方や行動をクールに観察することによって、さまざまなアングルから軌道修正を検討することができます。

自分が進むべき方向性が明確になると、モチベーションが高まります。

モチベーションを高めることが、自己効力感を引き出す原動力となるのです。

彼らは、次のような五つの視点を持って、自分の考え方や行動を客観視することで、改善点や修正点を見つけ出しています。

【視点①】価値観と目標の明確化

世界の一流のビジネスパーソンは、現在の自分の価値観や目標を明確にするために、休日のリラックスタイムに自問自答することを習慣化しています。

「自分は何を大切にしているのか？」
「自分はどうなりたいのか？」
「自分の家族にどうなってほしいのか？」

自分が進むべき方向を確認することによって、**自分の行動や人生のプライオリティ（優先順位）を見極める**ことができます。

【視点②】自己認識と自己管理

彼らは、自分の肉体的、精神的なコンディションを注意深く観察しています。

身体が疲れているならば、趣味を楽しむことよりも休息を優先します。ストレスのサインを察知したら、リラックスできる時間を作ります。こうした意識を持つことで、**オーバーワーク（働き過ぎ）を抑制したり、「燃え尽き症候群」に陥るリスクを回避**しています。

【視点③】精神的な成長と内省

世界の一流は、休日を精神的な成長と内省の機会と考えています。多くの人が瞑想や読書、趣味の追求などに時間を費やしているのは、**自分の目標や価値観、ビジョンを見つめ直すきっかけを作る**ためです。

こうした時間を持つことが、今後の成長の手助けになると考えています。

【視点④】中長期的なビジョンの見直し

彼らは休日を使って、持続可能なキャリアを築くための戦略を考えています。

「高いパフォーマンスを維持するために、現時点で何が足りないのか？」

「エネルギーの配分は間違っていないか？」
「スキルアップの必要はないか？」

現在の自分の行動やスキルを客観的に見つめることで、**中長期的なビジョンの見直しを図っています。**

彼らが目指しているのは、仕事と人生の両方で成功を収めることです。

その両方をバランスよく手に入れることが、彼らの最大の目標となっています。

【視点⑤】人間関係の構築と維持

彼らにとって、休日は人間関係を構築し、維持するための時間でもあります。

家族や友人、知人と質の高い時間を過ごすことで、**ワーク・ライフ・ハーモニーの維持**を心がけています。

こうした時間が仕事のストレスを和らげ、新たな発想やインスピレーションを得るきっかけになる……というのが、彼らの基本的な考え方といえます。

一流のビジネスパーソンに共通する特徴は、「自己認識力」が高く、「自己管理能力」に優れていることです。

彼らが現在のポジションにいるのは、休日に自己効力感を高めて、前向きに仕事と向き合うだけでなく、**自分自身を客観視して、軌道修正ができる「勇気」と「行動力」があること**も、大きな一因であると考えています。

世界の一流は「自己否定しない」ことを大事にしている

自己効力感を高めるためには、休日に入る前に簡単な「目標」を設定して、小さな「達成感」を得ることが大切……とお伝えしましたが、もう一つ大事なポイントがあります。

自己効力感を高めるのは、前向きでポジティブな気持ちを生み出すことが目的ですから、**自分をネガティブにとらえるような「自己否定」をしないことが重要**です。

自己否定とは、「自分は何をやってもダメな人間だ」とか、「どうせ自分にはできない」と考えることによって、自分の能力を否定するだけでなく、自分の存在そのものを否定する考え方といえます。

自己否定が始まると、周囲に対する関心や注意力が低下するだけでなく、それを自分の言い訳にして、面倒なことから逃げるようになります。

一番の問題は、新たなことに挑戦する意欲を失ってしまうことです。

自己効力感を高めるポイントは、休日の中で小さな行動実験を試みて、それを通して自分に自信を持つことですから、自己否定することで行動実験の歩みを止めてしまうと、何の意味もないだけでなく、完全に逆効果となります。

行動実験の結果だけで正否を判断するのではなく、**行動を起こしたことを評価する**……という視点を持つことが大切です。

仮に失敗しても、「どこかで成功すればいい」というのが自己効力感の考え方ですから、必要以上に結果を重く考えるのではなく、失敗したら素早く次の行動実験を始めればいいだけのことです。

自己効力感を高めるための行動実験は、結果が大事なのではなく、**繰り返しトライすることに意味がある**のです。

次の第4章では、世界の一流ビジネスパーソンが実践している**土曜と日曜の戦略的な使い分け**に着目して、充実度の高い休日の過ごし方を考えます。

第4章

「土曜」と「日曜」を戦略的に使い分ける

世界の一流は、休日に「休養」と「教養」を手に入れている

世界の一流ビジネスパーソンは、土曜と日曜を戦略的に使い分けることによって、充実した休日を過ごす工夫をしています。

日本のビジネスパーソンは、土曜と日曜を「仕事がない2日間の休み」と考えて、「連続した休息のための休暇」として過ごす傾向がありますが、世界の一流は、土曜と日曜を「**別々の独立した休日**」と考えています。

この章では、世界の一流が実践している土日の効果的な使い分けに着目して、「**休日を100%楽しむ**」**ためのノウハウ**を紹介します。

「土曜と日曜は別々の休み」という視点を持つことで、土日の有効な使い方が鮮明に

なり、休日の充実度を上げることができます。

休日の目的が明確になると、ダラダラと時間を過ごして、「気がついたら休みが終わっていた……」という事態を回避することにもつながります。

「経営の神様」といわれた松下電器産業（現パナソニック）創業者の松下幸之助が「**一日休養、一日教養**」を唱えて、現在の週休二日制を導入するきっかけを作ったことは広く知られていますが、世界の一流ビジネスパーソンも同じ考え方をしています。

松下幸之助は、休日の活用法について、次のように語っています。

「事業は人なり。教養がなければいい仕事はできない。しかし、普段は忙しく、時間が取れない。だから一日は休養、そしてもう一日は教養の時間にせよ」

この言葉は、休み方の「核心」を突いたアドバイスといえます。

現代のビジネスパーソンの休日には、「休養」と「教養」が必要であり、この二つを意識することによって、いい仕事ができる……と教えてくれているのです。

それを合理的に実践しているのが、世界の一流ビジネスパーソンです。

彼らは、土曜と日曜の役割を明確に使い分けることによって、休養と教養を手に入れることを目指しているのです。

休日を「チャレンジデー」と「リフレッシュデー」に分ける

彼らは、**土曜を「チャレンジデー」**と位置づけて、自分の趣味や家族との時間を楽しむだけでなく、新たな人間関係を構築したり、興味のあるワークショップやセミナーに参加するなど、未体験のことに積極的に挑戦することを意識しています。

翌日の**日曜は「リフレッシュデー」**と考えて、運動や読書、ヨガや瞑想などを通して、身体とメンタル、脳のリフレッシュを図っています。

この2日間を通じて、休養と教養を実現しているのです。

日本人の目から見ると、休養と教養というワードには「インドア」で「スタティック」（静的）なイメージがあるため、「家でゆっくり休んで、読書を楽しむ」ことをイメージしがちですが、**彼らが家の中だけで休日を終えることはありません。**

インドアとアウトドア、静と動を上手にミックスして、「アクティブ」(動的)でメリハリのある休日を過ごすことで、休養と教養の獲得を目指しています。

アップル創業者のスティーブ・ジョブズは、土曜はハイキングに出かけて自然の中で思索に耽《ふ》ける時間を持ち、日曜は自宅で瞑想をすることによって、内省(自分自身を見つめ直す)の時間を持つことが多かったといいます。

イーロン・マスクは、土曜に自分で操縦して飛行機に乗ることを趣味にしており、日曜は自宅で瞑想や読書をして過ごしています。

土曜はアウトドアでアクティブな時間を楽しみ、日曜はインドアでスタティックな時間を持つことで、平日の疲れを取り、エネルギーをチャージしているのです。

世界の一流ビジネスパーソンに共通するのは、**「土曜をどう使うか?」が休日のカギを握る**……と考えて、趣味や家族との時間など、自分にとって大切なことは、土曜に優先的に組み入れていることです。

その理由は、**精神的に「余裕」が持てることと、肉体的な「疲れ」の問題**です。

日曜の夕方になると、翌日の仕事のことが頭をよぎり始めるため、好きな趣味や家族との団らんを日曜に集中させると、大切な時間を心の底から楽しめなくなります。

フィジカルについても、同じことがいえます。

ゴルフや釣り、私の場合でいえば、トライアスロンの練習やバイクのツーリングを日曜に入れると、どうしても翌日まで疲れが残ります。

月曜のスタートダッシュに支障が出てしまうのです。

自分にとって大事なことは、土曜に組み入れる……という発想は意外な盲点ですが、すぐに実践できると思います。

「金曜」の午後3時に休日の準備を始めている

彼らは充実した休日を実現するために、金曜日の午後の段階でザックリとした準備をしています。

その週のタスクの目処が立った午後3時頃を目安に、次のような作業をすることで、自分にとって有益な休日を手に入れているのです。

【準備①】土日の過ごし方を事前に計画する

思いつきで行動すると、「あれも、これも」と目移りばかりすることになり、**すべてのことが中途半端で終わる**ことになります。

事前に土日のスケジュールを立てておけば、メリハリのある休みを手に入れることができます。

【準備②】金曜の午後に翌週のタスクを整理する

世界の一流ビジネスパーソンは、金曜の段階で翌週のタスクを整理して、大まかな段取りを確認することをルーティンにしています。

この作業によって、**不安なく休日を過ごせる**だけでなく、月曜からのスタートダッシュが可能になります。

【準備③】金曜の夕方に予定を入れる

日本のビジネスパーソンには、金曜の夕方にラストスパートをかけて、仕事の遅れを取り戻そうとしている人が少なくありません。こうしたキャッチアップは肉体的にも精神的にもダメージが大きく、休日をボロボロにする原因となります。

友人と会うとか、スポーツジムに行くなど、**休日の予定を金曜の夕方に前倒しすることによって、土日の自由度が高まります。**

ムダな残業を増やさないだけでなく、休日が金曜の夕方から始まる……というメリットを生み出すことができます。

世界の一流ビジネスパーソンなど、仕事ができる人たちは金曜の夕方に仕事の達成感を得ます。

彼らは**金曜の夕方に、平日と休日の切り替えスイッチを入れる**ことで、肉体的にも精神的にも休日モードに入ります。

一方、仕事で成果が出せない人は土曜の朝に徒労感を感じて、そこから休日モードに入る傾向があります。

この違いが、仕事の成果にもハッキリと現れているように思います。

世界の一流が金曜の仕事を「中途半端」に終わらせる理由

世界の一流ビジネスパーソンが、金曜の午後に仕事を追い込むことはありません。週末が近づくと、疲れやストレスが蓄積するのは誰でも同じですが、彼らはここで無理をせず、**意図的に仕事を中途半端に終わらせることで、翌週の作業効率を高める**工夫をしています。

その理由は、「**ツァイガルニク効果**」の存在にあります。

ツァイガルニク効果とは、旧ソビエト連邦の心理学者ブルーマ・ツァイガルニクが提唱した心理効果で、「人は達成した事柄よりも、**未完了な事柄の方が記憶に残りやすい**」という現象を指しています。

行動経済学では、中途半端な状態で作業を中断すると、それが気になって仕方がなくなり、**その欲求を満たすために、素早く行動する**……といわれています。

彼らは、あえて仕事を中途半端に終わらせることで、月曜日の初速を意図的に高めているのです。

このツァイガルニク効果は、日常の仕事でも応用することができます。

プレゼン資料などを作成する際、一段落してから休憩を取ろうとすると、なかなか作業が進まず、効率が悪いだけでなく、疲労を蓄積させることになります。

一段落を目安にすると、いつまで経っても休憩を取れなくなります。

作業が途中の段階で休憩を取ってしまえば、続きが気になるため、休憩後に素早く作業を再開することができます。

金曜に仕事を詰め込まないことは、心身の負担が軽くなるだけでなく、翌週の作業効率を高めることにもつながります。

彼らは日常的に合理的な働き方を意識しているから、無理なく休日を楽しむことができるのです。

「サードプレイス」がもたらす五つのメリット

世界の一流ビジネスパーソンは、ジョギングで汗を流したり、バイクや自転車でツーリングをするなど、アクティブな時間を過ごすことで、土曜の「チャレンジデー」を満喫しています。

一番の特徴は、**趣味が「サードプレイス」と結びついている**ことです。

サードプレイスとは、米国の社会学者レイ・オルデンバーグが著書『ザ・グレート・グッド・プレイス』の中で提唱したもので、自宅（ファーストプレイス）でも、職場（セカンドプレイス）でもない「**第三の居場所**」を指します。

このサードプレイスの存在が、彼らのチャレンジデーに特別な意味と意義を与えているのです。

世界の一流ビジネスパーソンは、気の合う仲間たちと共通の趣味を楽しんだり、関心のあるワークショップやセミナーなどに積極的に参加することで、土曜のチャレンジデーを有効活用しています。

その理由は、自分の知的好奇心を満たすことで気分転換を図ることにありますが、サードプレイスが得られることも大きな魅力となっています。

共通の趣味や同じことに興味・関心を持つ人たちと語り合う時間は、彼らにとって、かけがえのないものだといいます。

サードプレイスを持つメリットには、次のようなものがあります。

①日常の忙しさや仕事の重圧を忘れることで、ストレス発散ができる
②多様な人と出会うことで、新しい価値観に触れられる
③硬直しがちな考え方や発想が柔軟になる
④仕事のヒントをもらえたり、新しいアイデアが浮かぶ

⑤モチベーションが上がって、前向きな気持ちになれる

利害関係や上下関係、社会的な立場や肩書など、面倒な人間関係が一切なく、価値観が同じ人たちと腹を割って語り合う時間は、彼らの最高のエンターテインメントであり、一番のストレス解消法となっています。

グローバル企業のエグゼクティブという立場から解放され、**日ごろ接点のない人たちとのコミュニケーションを通して、本来の自分を取り戻しているの**です。

彼らの「休養」には、個人として楽しく過ごせるコミュニィティが不可欠な存在となっています。

土曜のチャレンジデーはリスキリングに注力

自分の趣味と同じく、彼らのチャレンジデーの大きな柱となっているのが、興味のあるワークショップやセミナーなどに積極的に参加することです。

彼らは、そこで新たな知識や情報を仕入れたり、ヒューマンネットワークを広げています。

その目的は「**リスキリング**」にあります。

リスキリングとは、新たな仕事や未体験の分野にチャレンジするために、スキルや知識を再習得することです。

その語源は英語の「re-skilling」で、直訳すると「スキルの向上を何度も繰り返す」という意味になります。

彼らは未開拓のフィールドに乗り出すことに意欲的で、そのために必要な最新の知識やスキルの習得に貪欲です。

オンライン学習プラットフォームを活用したり、各種ワークショップやセミナーを利用することで、さらに高いステージで成果を出すことを目指しています。

新たな知識やスキルを身につけるためには、その時間を確保する必要がありますが、「仕事が一段落したらやる」とか「時間が空いたらやる」と考えてしまうと、いつまで経っても実行に移すことはできなくなります。

彼らは、気になるワークショップを見つけたら、**先に予約を入れてしまうことで、後からスケジュールを調整して学びの時間を確保しています。**

今の自分にとって本当に必要なものであれば、「先に予約して、時間は後から作る」というのが、世界のビジネスパーソンの典型的なスタイルです。

日曜のリフレッシュデーは瞑想やヨガで脳をリセット

世界の一流ビジネスパーソンの「リフレッシュデー」（日曜）は、アクティブな「チャレンジデー」（土曜）とは対象的です。

軽い運動や読書、ヨガや瞑想などをすることによって、身体とメンタル、脳のリフレッシュを図っています。

主にインドアで過ごすことで、休養と教養を実現しているのです。

アマゾン創業者のジェフ・ベゾスは土曜に趣味の乗馬を楽しみ、日曜は歴史やＳＦ、科学、経営、経済、自己啓発など、ありとあらゆる分野の本を読むことで、新たなビジネスチャンスを模索しているといいます。

ウォーレン・バフェットは読書三昧の週末を送って、独自の投資哲学をブラッシュアップしていますが、読書に疲れると趣味のウクレレを演奏して、癒しの時間を楽しんでいます。

瞑想を習慣にしていたスティーブ・ジョブズは、その効果を、「**とらえにくいものの声が聞こえるようになり、直感が花ひらく**」と語っています。

ハーバード大学医学部の研究報告（２０１８年）によると、８週間の瞑想プログラムを実施したところ、参加者の「87％」に不安症状の改善が見られ、「80％」がうつ症状が改善したといいます。

世界の一流ビジネスパーソンの多くが、瞑想やヨガ、マインドフルネスを休日に取り入れているのは、必要な時間が15〜30分と短く、ストレスの軽減や脳の機能改善、睡眠の質の向上など、彼らが求めている効果を期待できることに理由があります。

瞑想やヨガ、マインドフルネスに共通する魅力は、**何も考えない時間を持つことに**

よって脳がリセットされ、脳のパフォーマンスがアップすることです。

弊社のメンバーには脳神経外科の医師もいますが、脳科学的に見ると、**人間の発想力が最も高まるのは、何も考えない時間**だといいます。

彼らは日曜のリフレッシュデーに瞑想やヨガ、マインドフルネスをすることで、身体と心を休め、脳の働きを活性化させているのです。

世界の一流は「時間自律性」を意識している

世界の一流ビジネスパーソンのリフレッシュデーの特徴は、「主体性」を持って、「能動的」にリフレッシュタイムを作り出していることにあります。

休養や休息というと、何もせずにボーッと過ごしたり、ゴロ寝をして体力の回復を待つ……と考えがちですが、**彼らは明確な目的意識を持って、休養や休息の時間を楽しんでいる**のです。

マイクロソフトのエグゼクティブにも、公園のベンチでボーッとする時間を過ごしたり、犬を連れて散歩をする人がたくさんいましたが、彼らはムダな時間を公園でやり過ごしているのではありません。

「公園でのんびりとした時間を過ごすことで、身体とメンタルと脳を休める」という明確な目的意識を持って、自分の意思で行動しています。

こうした自分の意思による能動的なアクションを、私が「**時間自律性**」と呼んでいることは前述の通りです。

時間自律性とは、自分が考えた目標を達成するために、自分の意志で計画を立て、自分のルールに従って、自分の時間を使って行動する……ことを指します。

言い換えるならば、「**自分で決めた時間を自分で使う**」ということです。

公園のベンチでボーッとする場合でも、何となく「時間潰し」のために座っていると、時間の浪費による疲労感しか残りませんが、「自分が公園のベンチで寛《くつろ》ぐのは、脳を休めて、エネルギーを充電するためだ」と明確な目的を持っていれば、**同じ行動でも、「時間のムダ遣い」ではなく、「時間の有効活用」になります。**

犬の散歩をする際にも、それを義務と考えると苦痛しか感じませんが、「愛犬と一緒の時間を楽しむことで、自分のストレス発散ができる」→「公園を散策することによって、自分も気分転換ができる」→「スマホを見なければデジタルデトックスにもなる」

……と明確な目的意識を持っていれば、十分に効果的な休養の時間になるのです。

時間自律性を意識すると、時間を有意義に使えるだけでなく、ムダなことをダラダラと続けて、勝手に時間が流れてしまうことを食い止めることができます。

彼らは休みの日でも、「**意味のないことをやめる**」という意識を持って、充実した休日を目指しているのです。

知識の習得ではなく「アウトプット」を意識した読書

第3章で詳しくお伝えしましたが、世界の一流ビジネスパーソンの「教養」を支えているのは、リベラルアーツの土台となる美術鑑賞と、膨大な量の読書が基本です。好奇心が旺盛な彼らは、未知の世界や知らない分野の本を読むことでビジネス脳を刺激していますが、彼らの読書には大きな特徴があります。

漠然と膨大な知識を積み重ねるのではなく、**どんな本を読む場合でも必ず「アウトプット」(出力)を意識している**ことです。

読書を知識の習得と考えてしまうと、どうしても情報のインプット(入力)が先行することになりますが、彼らは「**アウトプットありきのインプット**」を重要視することで、読書を自分の「武器」にしているのです。

彼らに共通するのは、**「自分の環境にどう活かせるか？」**という意識を持って読書をしていることです。

本を読み終えたら、**「この知識を明日の仕事にどう反映させるか？」**と考え始めて、すぐにそれをアクションに移しているのが彼らの特徴です。

それを驚異的な速度で、何度も繰り返すことによって、新たな知識を蓄え、自分のスキルをブラッシュアップしています。

インプットとアウトプットの隙間を空けないことが、彼らの一番の特徴といえるかもしれません。

この視点を持っていないと、情報をインプットすることだけが目的となって、読書は自己満足のための「娯楽」で終わることになります。

「本を１００冊くらい読んだけど、何も学びがなかった……」というのは、こうしたことによって起こります。

これが**「娯楽」と「教養」の違い**といえるかもしれません。

グローバル企業のエグゼクティブには、どんなときでも、**小さなメモ帳とペンを携帯する習慣があります。**

仕事中はもちろん、移動で飛行機に乗っていたり、休日の間もメモ帳とペンを手放さず、思いついたアイデアや、気になったことを書き込んでいました。

読書のときも、**備忘録として簡単なメモにまとめる**ことで、物忘れや勘違いを防いでいるといいます。

本にマーカーで線を引いても、時間が経ってしまうと、記憶として残らなくなるため、彼らは簡潔にメモをすることを習慣にしているのです。

こうした小さな工夫が、大きな可能性を生み出しているのだと思います。

世界の一流は「戦略的睡眠」を実践している

世界の一流ビジネスパーソンは、睡眠の質を高めることをリフレッシュデーの大事なポイントと考えています。

質の高い睡眠は、健康維持と能率アップに直結します。

一週間を通してエネルギッシュに働くためには、**良好なコンディションで月曜の朝を迎える必要がある**のです。

世界の一流ビジネスパーソンは、疲れたから寝るのではなく、明日のパフォーマンスを上げるための良質な睡眠を心がけています。

彼らはこれを「**戦略的睡眠**」と呼んでいます。

戦略的睡眠とは、身体とメンタル、脳の疲れをリセットして、フルパワーで活動できるコンディションを意図的に作り出す睡眠を指します。

彼らは、戦略的睡眠を実現するために、次のような工夫をしています。

①就寝2〜3時間前までに夕食を済ませる
②無理のない範囲で寝酒を控える
③就寝前に風呂に入り、睡眠の準備を整える
④寝室の温度や湿度の調整に気を配る
⑤睡眠のサイクルを一定に保つ

この五つの項目の中で、彼らが最も注意深く実践しているのが、「**睡眠のサイクルを一定に保つ**」ことです。

日本のビジネスパーソンには、土日の休みに寝だめをする人が少なくありませんが、日曜に長時間の睡眠を取ってしまうと、体内時計が夜型にシフトして、そのリズムが翌日まで持ち越されることになります。

月曜の朝に起きるのが辛くなるだけでなく、日中のパフォーマンスにも影響が出てしまうのです。

どうしても疲れが取れない場合は、**土曜にタップリと寝て、日曜は平日と同じ時間に起きる**ことを意識すれば、生活リズムが壊れる心配はありません。

こうした工夫が、月曜のスタートダッシュを可能にしてくれます。

メンバーからの連絡事項は日曜の夕方にまとめてチェック

世界の一流ビジネスパーソンは、仕事と休日を完全に切り離すことで、身体とマインド、脳をリセットさせていますが、休日の間で唯一、仕事のことを考えるのが日曜の夕方から夜の時間帯です。

時間にして約30分くらいですが、**翌日からの仕事の準備をすることを毎週の習慣にしています。**

月曜からの仕事の段取りは金曜の夕方に整えていますから、その確認作業を15分くらいやって、新しい週の仕事の進め方をチェックします。

残りの15分は、土日の間に受信したメールやチャットを読み込んで、連絡事項の確認をしています。

彼らは自分のチームのメンバーに、「緊急事態が起こったら、メールやチャットではなく、電話をしてほしい」と伝えて事前にリスク回避をしていますが、緊急事態は起こらなくても、不測の事態が発生している可能性があるため、それをチェックしておく必要があるのです。

チームメンバーからの連絡事項に目を通して、急ぎの対応を求められているならば、月曜日に早めに出社することを考えます。

何もなければ、安心して通常通りの仕事ができることを確認します。

相当な緊急事態が発生していない限り、彼らがチームメンバーに返信を送って指示を出すことはありません。

チームリーダーからの緊急連絡は、メンバーの大切な休日の時間を奪うことになるからです。

彼らのチームでは、「問題解決の対応は、すべて休日が明けてから」という意思統一ができているため、チームメンバーもリーダーから返信がないことを「当然のこと」と受け止めて、自分の休日を楽しんでいます。

土日にメンバーから送られてくる連絡を細かくチェックしてしまうと、休日を有意義に過ごせないだけでなく、月曜からの仕事にも影響が出ます。

トラブルが発生して土日を使って対応に追われた場合、私は「これはあくまで稀なケースだ」と自分に言い聞かせています。

メンバーたちにも、「**これは特別対応だからね**」と伝えるようにしています。

それが常態化してしまうと、平日と休日の区別がつかなくなって、どうしても安易な方向に流れてしまうからです。

仕事のことが頭から離れない休日を過ごしていると、身体や脳が休まらないだけでなく、メンタルをやられてしまう危険性があります。

仕事の生産性が上がらず、心身のコンディションも最悪……という状態を招かないことが大切です。

金曜の夕方にスイッチをオフにして、日曜の夜に少しスイッチをオンにするという世界の一流ビジネスパーソンのスタイルは、今後の働き方を考える際のモデルケースになると考えています。

人生がハッピーになるための優先順位を見極める

休日の過ごし方と仕事の生産性には、密接な関係があることがわかっています。リクルートワークス研究所の調査によると、**休日に趣味や交友関係を充実させている人ほど、仕事のパフォーマンスが高い**ことが明らかになっています。

世界の一流ビジネスパーソンは、土日を「チャレンジデー」と「リフレッシュデー」に切り分けることによって、休養と教養の両方を手に入れています。

これが休日を戦略的に使い分けることの一番の「成果」といえます。

彼らは、日常の仕事でも効率的なタスクマネジメントを実践していますから、そのノウハウを注ぎ込むことで、休日を戦略的にコントロールしているのです。

どちらの場合も、ポイントとなるのは「優先順位」の見極めです。

「仕事で成果を出すために、何を優先させればいいのか？」を考えるのと同じように、**自分や自分のファミリーの人生がハッピーになるためには、何を大事にすればいいのか**……を考えて、それを着実に実行しているのです。

世界の一流が大事にしているのは、「自分の趣味」、「家族と過ごす時間」、「交友関係」の三つです。

この三つを楽しむ時間を戦略的に作り出すことが、高いパフォーマンスを発揮するための原動力となっています。

日本のビジネスパーソンには、「**余裕ができたら休む**」と考えている人がたくさんいます。

弊社の調査では、「仕事が忙しい」と感じている人は「97・5％」もいますから、**余裕ができる日を待っていたら、いつまで経ってもしっかりと休める日はやってこない**かもしれません。

まずは自分にとって、「何が大切なのか？」を見極めて、そのための予定を先に入れてしまうことが第一歩です。

スケジュールが決まったら、それに合わせてタスクマネジメントをすることで、戦略的な休日を実現することができます。

心身ともにリフレッシュできる休日を過ごすことができれば、仕事への意欲や集中力が高まり、生産性の向上に結びつくのです。

第5章

休日に「1日7分」の新習慣

1日7分で「休養」と「教養」を手に入れるメソッド

世界のビジネスパーソンは、休日に「休養」と「教養」を手に入れることで、仕事の生産性をアップさせ、自分の人生を豊かにしています。

日本のビジネスパーソンにとっても、この二つが重要であることは、松下幸之助が指摘している通りです。

最終章では、休養と教養の実現に役立つ「1日7分」の簡単メソッドを紹介します。

1日7分というのは、24時間のわずか0・5%ですから、忙しい日本のビジネスパーソンでも、手軽に実践することができます。

これを休日の新習慣にすると、**メンタルと脳をリフレッシュすることで、仕事の効率アップにつながります。**

「1日7分」の簡単メソッドには、大きく分けて三つのアプローチがあります。

【新習慣①】
1日7分の「瞑想」
心を静めてストレスを解消する

瞑想はスティーブ・ジョブズが実践していたことで世界中のビジネスパーソンの間に広まり、現在ではビル・ゲイツも取り入れているリラックス法です。

休日の朝や就寝前に5〜7分くらい瞑想をするだけで、ストレス解消や集中力アップ、不眠解消などの効果が期待できます。

その実践方法は、次のような手順になります。

①胡座《あぐら》か椅子に座った状態で背筋を伸ばす

②目を閉じて視覚情報を遮断する
③鼻から息を吸って、その倍の時間をかけて口から吐き出す
④ゆっくりとした呼吸を何度も繰り返す

瞑想を始めると、時間の経過と共に心を落ち着かせることができます。時間や場所を選ばず、道具を用意する必要もありません。誰でも簡単に始められるのが、一番の利点といえます。

目を閉じて、じっとしていることに不安を感じる人は、私も取り入れている「大人の塗り絵」をすることでも同じ効果が得られます。

【新習慣②】

1日7分の「ジャーナリング」書き出すことで集中力を高める

ジャーナリングは「**書く瞑想**」とも呼ばれ、マインドフルネスの手法の一つとして世界中のビジネスパーソンが実践しています。

その方法は、頭に思い浮かんだことをランダムに紙に書き出す……というものです。

書き出す内容には、何の制限も制約もなく、どんなことでも問題ありません。

「今週は忙しくて疲れたな」とか、「あの会議はムダだよな」、「あいつ、ムカつくよな」、「今朝の卵焼きは美味しかった」などなど……。

頭の中の「泥水」を排水するようなイメージで、思いつくまま、どんどん書き出していくと、自律神経が整う感覚を味わうことができます。

ジャーナリングには、次のような効果があるといわれています。

①自分の現状を客観視できる
②思考を整理できる
③新しいアイデアや考え方が見つかる
④ネガティブな感情をリセットできる
⑤集中力がアップする

ストレスというのは、吐き出せないことが一番の問題ですから、それを書き出すことによって、体外に排出するのがジャーナリングの本質です。

「愚痴」や「不満」を誰にも迷惑をかけずに吐き出すことで、**気分をスッキリとさせることができます。**

スマホのメモ機能を使うのではなく、紙に手書きすることがポイントです。

紙に書くという行動が、脳に刺激となって伝わります。

スマホはストレスの原因を引き起こすため、ジャーナリングには不向きです。

愚痴や不満を書いた紙は、**誰にも見られないように注意する**必要があります。

書き終わったら、素早く切り刻んでゴミ箱に捨てるか、専用のノートを作るなど、周囲の人に見られない工夫が大切です。

ジャーナリングを取り入れると、自分の考えや感情を言語化する習慣が身につき、血圧低下などの健康効果もあるといわれています。

【新習慣③】
1日7分の「読書」
インプット量を増やして新たな学びを得る

読書を趣味や習慣にしている人であれば、「わずか7分では数ページしか読めない」と思うでしょう。

しかし、7分の時間があれば、情報のインプット量を増やして、新たな学びを得ることができます。

その方法には、次のようなものがあります。

①本の「はじめに」だけを読む
②「本の要約サイト」を閲覧する
③YouTubeなどの「本のまとめ動画」を1・5倍速で観る

普段、読書の習慣がない人でも、わずか7分だけ本に触れてみると、未知の情報に出会うことができます。

購入して読んでいない本の「はじめに」に目を通したら、刺激を受けて、続きが読みたくなるかもしれません。

YouTubeの動画は10~20分程度のものが多いため、1・5倍くらいの速度で再生すれば、7分に収めることができます。

これらの新習慣は、休日の体調や気分に合わせて、どれを選んでもいいと思います。無理して毎週やらなくても、月一回でも問題はありません。

実験のような気持ちであれこれとやってみて、自分が「意外といいな」と感じるものに当たれば、それが「内発的動機付け」となって、自然と継続することができます。

私の経験では、1日に複数のことを実行したり、同じことを継続的に行うよりも、**異なることを繰り返し続けた方が、自分に合った方法を見つけやすく、習慣化しやすい**ように思います。

自分のコンディションを認識して、行動パターンを使い分ける

世界の一流ビジネスパーソンは、休日に入る前に「今度の休みには何をするか？」を決めていますが、休日を使って効果的に休養と教養を実現するためには、自分自身の現在の状況をしっかりと見つめて**「自己認識」の解像度を高めることが大切**です。

体力的に疲れているのであれば、疲労回復を図ります。

メンタルが疲れていたら、ストレスを発散させます。

脳を休ませる場合は、ストレスを発散させつつ、自己啓発を考えます。

脳は新たな知識を与えると元気になるのです。

世界の一流ビジネスパーソンは、冷静な自己認識をして、次の三つの中から自分が必要とする行動パターンを使い分けています。

【選択①】「疲労回復パターン」　ゆったりと過ごす
ストレッチ、ジョギング、ウォーキング、食べ歩き、読書など

【選択②】「ストレス発散パターン」　アクティブに遊ぶ
キャンプ、ハイキング、サウナ、友人との会食など

【選択③】「自己啓発パターン」　新たな学びを得る
美術鑑賞、映画鑑賞、セミナー参加、書店めぐりなど

大まかな行動パターンを事前に決めておけば、「自分には何が必要か？」を考えるだけで、選択肢に迷う必要がなくなります。

人間には、**「何をやろうか？」と考えるだけで、やる気を失ってしまう**……という習性があります。

考える必要がないように、あらかじめ選択肢を決めておけば、行動を起こしやすく

なります。

その週のコンディションに合わせて、最適なパターンを選べばいいのです。

自己認識の解像度が高まれば高まるほど、対策が明確になります。

「疲れている」という漠然とした解釈ではなく、自分のどこが疲れているのか……を客観的に認識することで、それに合わせたアクションを自分で選んで実践することが大切です。

「エネルギー管理」という新たな視点を持つ

自己認識の解像度を高めるためには、「自分のエネルギーを管理する」という視点を持つことも重要なポイントです。

米国で「休み方のオーソリティ」といわれる作家で実業家のトニー・シュワルツ（エナジー・プロジェクトCEO）は、人間には4種類のエネルギーがあり、**休日を活用してエネルギーを意識的にコントロールすることが、平日のベストなパフォーマンスを引き出す**……と説いています。

トニー・シュワルツが唱える「4種類のエネルギー」には、次のようなものがあります。

①身体のエネルギー（Physical energy）
②感情のエネルギー（Emotional energy）
③思考のエネルギー（Mental energy）

④精神のエネルギー（Spiritual energy）

この4種類のエネルギーは、一定の振り幅を持って「発揮」と「回復」を繰り返しており、そのサイクルを見極めて、上手に「管理」することがパフォーマンスの向上につながるといいます。

人間のエネルギーは、次のような四つの状態を行ったり来たりしている……というのが、彼の基本的な考え方です。

①パフォーマンス（活動）ゾーン

・エネルギーに満ちたポジティブな状態
・前向きな気持ちになり、積極的に行動できる

②サバイバル（生存）ゾーン

・エネルギーに満ちているが、ネガティブな状態
・不安感や恐怖心が芽生えて、いら立ちが生じる

③バーンアウト(燃え尽き)ゾーン

・エネルギーが枯渇したネガティブな状態
・疲労感や無力感、空虚感を覚える

④リニューアル(再生)ゾーン

・エネルギーは枯渇しているが、ポジティブな状態
・気持ちが安定して、前向きに行動できる

仕事でハイパフォーマンスを発揮して、ウェルビーイング(健康的で幸せな状態)を維持するためには、**「パフォーマンスゾーン」と「リニューアルゾーン」の間を、意識的に往復することが大切**だといいます。

そのためには、「自分は今、4種類のエネルギーのどれが枯渇しているのか?」を冷静に観察し、休日を活用してエネルギーのチャージを図ることがポイントになる……というのが、トニー・シュワルツの主張です。

「限られた時間」と「自分のエネルギー」を最適配置する

「エネルギー管理」という発想は、日本のビジネスパーソンには馴染みが薄いと思いますが、世界の一流ビジネスパーソンは、「集中力」と「モチベーション」と「生産性」を高めるために、**「限られた時間」と「限られた自分のエネルギー」を最適配置する**……という考え方をしています。

トニー・シュワルツの主張も、簡略化すれば、「いかに重要なところにエネルギーを費やすか?」に重点が置かれています。

世界の一流ビジネスパーソンは、自分のエネルギーを最適配置するために、次のような工夫を心がけています。

①ムダなこと、不要なことに大事なエネルギーを注がない
②モチベーションが高いときに手がける仕事を先に決めておく
③集中力を高めるために、疲れる前に休む

彼らが大事にしているのは、「**時間とエネルギーを主体的にコントロールして、自分で管理する**」ということです。
その根底にあるのは、時間とエネルギーの使い方の「主役」を自分にする……という発想です。

クルマの助手席に座わらされて、どこに連れていかれるかわからない状態ではなく、自分でハンドルを握って、自分の判断で目的地を目指すことが、自分がハッピーになる最善の選択肢だと考えています。

休日の過ごし方も、基本的な考え方は同じです。
ダラダラと時間だけが勝手に過ぎていく休日を過ごすのではなく、**自分の決めた予**

定通りに休むことで、自分の思い通りに身体とメンタルと脳の疲れが取れることが、自分にとってのベストな休日だと見極めています。

こうした休日を実現することによって、世界の一流ビジネスパーソンは、ブルーマンデーではなく、シャイニーマンデーを迎える準備を整えているのです。

おわりに

最後までお読みいただき、ありがとうございます。

多くの方に、「休み方を変えたい」と思って頂けたら、筆者として、これほど嬉しいことはありません。

「よし、今週末から変えてみよう」と心に誓ってくれたら、無上の喜びとなります。

充実した休日を過ごすためには、意識だけでなく、行動を変える必要があります。

少しずつでいいから、小さな「休み方改革」を試してみてください。

月曜の朝になって、心身と脳のコンディションが少しでも良くなっていたら、その実験は成功です。

みなさんの行動実験を心より応援しています。

本書の最後に、世界の一流ビジネスパーソンが作り出している「**好循環サイクル**」を確認しておきたいと思います。

彼らは、休日を戦略的に使うことによって、月曜の朝から猛烈なスタートダッシュを切っています。

モチベーションを高め、集中力も高まっていますから、生産性もアップします。

漠然と休日を過ごした人よりも、確実に多くの成果を出します。

仕事で成果を出すと高い評価が得られます。

高く評価されると、裁量権(自由)が与えられます。

裁量権が得られると、休みやすい状況が作れます。

休みやすくなることで、さらに成果を出すことができます。

こうした好循環サイクルで仕事をしているのが、私が「世界の一流ビジネスパーソン」と呼んでいる人たちです。

彼らは、**休日を充実させることによって、身体とメンタルと脳のリフレッシュを図**

り、エネルギーを蓄えることで、月曜のロケットスタートを手に入れているのです。

休日を変えることで1週間の流れを変える

その逆のパターンの「**悪循環サイクル**」を知っておくことも大切です。

これは昔の私と同じですが、何となく「仕事から解放されるための休日」を過ごすことで、月曜が「ブルーマンデー」となって、スタートダッシュが遅くなります。

水曜日になって、ようやくエンジンがかかり始めますが、時間が足りなくなるため、金曜は必ず残業になります。

金曜に遅くまで残業すると、土曜の昼ごろに目が覚めて、何となく日曜になり、テレビで『サザエさん』を眺めて、憂鬱な気分になります。

土日に休んでも、仕事の疲れが抜けず、ボンヤリとした気分のまま、月曜の朝を迎えることになります。

これが仕事の「悪循環サイクル」の典型的なパターンといえます。

こうしたサイクルで仕事をしていると、体調も悪くなってモチベーションが上がらず、仕事で成果を出すことが難しくなります。

私のように、メンタルをやられることもあります。

「何をやっても面白くない」と感じるのは、自分のサイクルに問題があるのです。

この悪循環サイクルを断ち切る方法は、休日前に「**自己省察タイム**」を作ることです。

省察の時間を持つと、自分のサイクルの問題点を把握できます。

自分の問題点が明らかになれば、土日に対処することができます。

世界の一流ビジネスパーソンが実践している休み方を参考にしながら、少しずつ流れを軌道修正していけばいいのです。

自分のサイクルを見直す場合でも、ストイックに取り組む必要はありません。

「いい流れを作る」というポジティブな気持ちで、休日の行動実験を楽しむことが大切です。

その繰り返しが、仕事と人生を豊かにしてくれるのです。

購入特典音声ダウンロード

本編では紹介しなかった

休日を10倍楽しむコツ

以下のQRコードから
音声がダウンロードできます。

カバーデザイン
金澤浩二

本文デザイン・DTP
鳥越浩太郎

カバー・本文イラスト
ケント・マエダヴィッチ

編集協力
関口雅之

[著者略歴]
越川慎司（こしかわ・しんじ）

株式会社クロスリバー 代表取締役
国内外の通信会社に勤務した後、2005年にマイクロソフト米国本社に入社。業務執行役員としてPowerPointやExcel、Microsoft Teamsなどの事業責任者を歴任する。2017年に株式会社クロスリバーを設立。世界各地に分散したメンバーが週休3日・リモートワーク・複業（専業禁止）をしながら800社以上の働き方改革を支援。京都大学など教育機関で講師を務める他、企業や団体のアドバイザーを務める。オンライン講演・講座は年間300件以上、受講者満足度は平均96%。フジテレビ「ホンマでっか!?TV」などメディア出演多数。Voicy「トップ5%社員の習慣ラジオ」が好評放送中。著書に『AI分析でわかったトップ5%社員の習慣』（ディスカヴァー・トゥエンティワン刊）、『仕事は初速が9割』（小社刊）など。著書累計31冊。

株式会社クロスリバー
https://cross-river.co.jp/

世界《せかい》の一流《いちりゅう》は「休日《きゅうじつ》」に何《なに》をしているのか

2024年11月11日　初版発行
2025年5月27日　第13刷発行

著　者　越川慎司

発行者　小早川幸一郎

発　行　株式会社クロスメディア・パブリッシング
〒151-0051 東京都渋谷区千駄ヶ谷4-20-3 東栄神宮外苑ビル
https://www.cm-publishing.co.jp
◎本の内容に関するお問い合わせ先：TEL（03）5413-3140／FAX（03）5413-3141

発　売　株式会社インプレス
〒101-0051 東京都千代田区神田神保町一丁目105番地
◎乱丁本・落丁本などのお問い合わせ先：FAX（03）6837-5023
service@impress.co.jp
※古書店で購入されたものについてはお取り替えできません

印刷・製本　中央精版印刷株式会社

ISBN978-4-295-41030-0　C2034